Man nehme:

Back-Freude CLASSIC

Sie haben eine gute Wahl getroffen!

Herzlichen Glückwunsch, Sie haben sich für ein hervorragendes Qualitätsprodukt entschieden. Wir bieten Ihnen ein perfektes Backerlebnis. Um das sicherzustellen, durchläuft jede Backform eine sorgfältige Prüfung, bevor sie, ausgezeichnet mit der "Qualitätsgarantie", in Ihre Küche kommt.

geprüfte Qualität
Dr. Oetker Versuchsküche

Unsere bewährte Serie Back-Freude Classic zeichnet sich durch ihre zuverlässige Qualität aus. Die gute Antihaftwirkung und die leicht zu reinigende Oberfläche machen diese Backformen praktisch und sicher in der Anwendung.

Damit und mit den Rezeptideen in diesem Heft werden Sie sich und Ihren Gästen mit einem Kuchen für jeden Anlass eine Freude bereiten.

Ganz gleich, welche der folgenden Backrezepte* Sie ausprobieren, mit Back-Freude Classic wird Backen zum reinen Vergnügen.

Wenn Sie innovative und überraschende Backphantasien erleben möchten, dann entdecken Sie auch die Formenvielfalt der Dr. Oetker Serie Back-Idee Kreativ.

Besuchen Sie auch die Dr. Oetker Versuchsküche und nehmen Sie an einem Seminar oder einer Vorführung teil. Alles Weitere erfahren Sie unter:

Weitere leckere Rezepte finden Sie auch in unseren Backbüchern.

An diesen Zeichen erkennen Sie den Leichtigkeitsgrad der einzelnen Rezepte:

 Gelingt leicht
  Etwas Übung erforderlich
   Aufwändig

* Wir möchten Sie darauf hinweisen, dass die Gelinggarantie unserer Rezepte nur bei Verwendung der Original Dr.Oetker Zutaten gegeben werden kann. Bitte beachten Sie beim Backen die Gebrauchsanleitung Ihres Herdes.

Getränkter Orangenkuchen (Ø 26/28 cm)

Für die Springform mit Rohrboden:	Ø 26 cm	Ø 28 cm
etwas Fett		
Rührteig:		
weiche Margarine oder Butter	300 g	350 g
Zucker	250 g	300 g
Dr. Oetker Vanillin-Zucker	1 Päckchen	1 Päckchen
Salz	1 Prise	1 Prise
Dr. Oetker Finesse Natürliches Orangenschalen-Aroma	1 Päckchen	1 Päckchen
Dr. Oetker Finesse Geriebene Zitronenschale	1 Päckchen	1 Päckchen
Eier (Größe M)	5	6
Weizenmehl	300 g	350 g
Dr. Oetker Original Backin	2 gestrichene TL	3 gestrichene TL
Dr. Oetker Gustin Feine Speisestärke	30 g	50 g
Zum Tränken:		
Orangensaft	150 ml	200 ml
Zitronensaft	etwa 3 EL	etwa 3 EL
Zucker	50 g	50 g
Außerdem:	Puderzucker	Puderzucker

Vorbereiten: Heizen Sie zunächst den Backofen vor. Fetten Sie die Springform mit Rohrboden.

Rührteig: Weiche Margarine oder Butter in einer Rührschüssel mit einem Handrührgerät (Rührbesen) geschmeidig rühren. Nach und nach Zucker, Vanillin-Zucker, Salz und Finesse unter Rühren hinzufügen, bis eine gebundene Masse entsteht. Jedes Ei etwa 1/2 Minute auf höchster Stufe unterrühren. Mehl mit Backin und Gustin mischen, sieben und in 2 Portionen kurz auf mittlerer Stufe unterrühren. Den Teig in die Springform mit Rohrboden füllen und glatt streichen. Die Form auf dem Rost im unteren Drittel in den Backofen schieben.

Ober-/Unterhitze: etwa 180°C (vorgeheizt)
Heißluft: etwa 160°C (vorgeheizt)
Gas: Stufe 2-3 (vorgeheizt)
Backzeit: etwa 50 Minuten

Den Kuchen noch 10 Minuten in der Form stehen lassen. Dann aus der Form lösen, auf einen Kuchenrost stürzen und mehrmals mit einem Holzstäbchen einstechen. Zum Tränken Orangensaft mit Zitronensaft durch ein Sieb geben, mit Zucker verrühren und den noch heißen Kuchen mit Hilfe eines Backpinsels damit tränken. Kuchen auf einem Kuchenrost erkalten lassen, dann mit Puderzucker bestäuben

TIPPS:
- Ersetzen Sie 1-2 EL Orangensaft zum Tränken durch 1-2 EL Orangenlikör oder Arrak (Branntwein).
- Nach Wunsch den Rand mit 1 EL glatt gerührter Aprikosenkonfitüre bestreichen und mit gehobelten Mandeln bestreuen, und den Kuchen mit Orangenzesten dekorieren.

Man nehme:

Weihnachtsstollen

Für die Stollenbackform (31 cm):
etwas Fett
Für das Backblech:
Backpapier
Hefeteig:
375 g Weizenmehl
1 Päckchen Dr. Oetker Trockenbackhefe
100 ml warme Milch
100 g Zucker
1 Päckchen Dr. Oetker Vanillin-Zucker
1 Prise Salz
1/2 TL Christstollengewürz
2 Eier (Größe M)
125 g weiche Butter
100 g abgezogene, gemahlene Mandeln
100 g gewürfeltes Orangeat
100 g gewürfeltes Zitronat (Sukkade)
375 g Rosinen
Außerdem:
75 g Butter
etwa 20 g Puderzucker

Hefeteig: Mehl in eine Rührschüssel sieben und sorgfältig mit der Hefe vermischen. Warme Milch, Zucker, Vanillin-Zucker, Salz, Gewürz, Eier und weiche Butter hinzufügen und alles mit einem Handrührgerät (Knethaken) kurz auf niedrigster, dann auf höchster Stufe in etwa 5 Minuten zu einem glatten Teig verkneten. Teig zugedeckt an einem warmen Ort so lange gehen lassen, bis er sich sichtbar vergrößert hat.
Inzwischen fetten Sie die Stollenbackform. Belegen Sie das Backblech mit **dreifach** gelegtem Backpapier und heizen Sie den Backofen vor.
Teig mit etwas Mehl bestäuben, aus der Schüssel nehmen und auf leicht bemehlter Arbeitsfläche Mandeln, Orangeat, Zitronat und Rosinen unterkneten. Teig zu einer 28 cm langen Rolle formen, in die Stollenbackform legen und leicht andrücken. Die Stollenbackform mit der Öffnung nach unten auf das Backblech stellen und nochmals 20 Minuten an einem warmen Ort gehen lassen.

Das Blech mit der Form in den Backofen schieben. **Zum Backen die Temperaturen wie unten angegeben ändern.** Während der letzten 15 Minuten den Stollen ohne Form backen.
Ober-/Unterhitze: etwa 180°C (vorgeheizt auf etwa 250°C)
Heißluft: etwa 160°C (vorgeheizt auf etwa 230°C)
Backzeit: etwa 60 Minuten
Den Stollen mit dem Backpapier auf einen Kuchenrost ziehen. Butter in einem kleinen Topf zerlassen. Stollen sofort nach dem Backen mit der Butter bestreichen und mit dem Puderzucker bestäuben.

TIPP: Sie können die Rosinen auch über Nacht in Rum einweichen.

Man nehme:

Mohn-Klecksel-Kuchen (Ø 26/28 cm)

Für die Springform:	Ø 26 cm	Ø 28 cm
etwas Fett		
Mohnbelag:		
Milch	150 ml	150 ml
gemahlener Mohn	120 g	120 g
Zucker	30 g	30 g
Dr. Oetker Vanillin-Zucker	1 Päckchen	1 Päckchen
Butter	50 g	50 g
Ei (Größe M)	1	1
Streuselteig:		
Weizenmehl	220 g	275 g
Dr. Oetker Original Backin	1 TL	1 TL
Zucker	110 g	130 g
Dr. Oetker Vanillin-Zucker	1 Päckchen	1 Päckchen
Salz	1 Messerspitze	1 Messerspitze
Ei (Größe M)	1	1
weiche Butter oder Margarine	110 g	150 g
Quarkbelag:		
Dr. Oetker Original Puddingpulver Vanille-Geschmack	1 Päckchen	2 Päckchen
Zucker	40 g	80 g
Speisequark (20% Fett i. Tr.)	250 g	500 g
Schlagsahne	200 g	400 g
Eier (Größe M)	2	4
Backzeit:	etwa 45 Minuten	etwa 50 Minuten

Vorbereiten: Fetten Sie den Boden der Springform. Heizen Sie den Backofen vor.

Mohnbelag: Milch in einem Topf zum Kochen bringen. Mohn, Zucker und Vanillin-Zucker unter Rühren zufügen und unter Rühren 5 Minuten ohne Deckel kochen. Topf von der Kochstelle nehmen und nach 5 Minuten Butter und Ei unterrühren.

Streuselteig: Mehl und Backin mischen und in eine Rührschüssel sieben, übrige Zutaten zufügen und mit dem Handrührgerät (Rührbesen) zu feinen Streuseln verarbeiten. 3/4 der Streusel in der Springform verteilen und zu einem glatten Boden andrücken.

Quarkbelag: Puddingpulver mit Zucker mischen, mit Quark, Sahne und Eiern mit einem Schneebesen zu einer glatten Masse verrühren. 2/3 der Mohnmasse auf den Boden streichen, dabei 1 cm am Rand frei lassen. Quarkmasse darauf glatt streichen. Übrige Streusel aufstreuen. Restliche Mohnmasse in kleinen Portionen mit einem Teelöffel auf den Streuseln verteilen. Form auf dem Rost im unteren Drittel in den Backofen schieben.

Ober-/Unterhitze: etwa 180°C (vorgeheizt)
Heißluft: etwa 160°C (vorgeheizt)
Gas: Stufe 2-3 (vorgeheizt)
Backzeit: siehe Tabelle

Kuchen noch etwa 10 Minuten im ausgeschalteten Ofen stehen lassen. Eventuell festgebackenen Belag mit einem Tafelmesser vom Rand lösen. Kuchen in der Form etwa 30 Minuten auf einem Kuchenrost auskühlen lassen, dann Springformrand lösen und entfernen. Den Kuchen erkalten lassen.

TIPPS:
- Für den Mohnbelag können Sie anstatt der selbst zubereiteten Mohnfüllung auch 1 Päckchen (250 g) Backfertige Mohnfüllung verwenden, diese braucht nicht mehr gekocht zu werden.
- Für den Quarkbelag können Sie auch Speisequark (Magerstufe) verwenden.

Getränkter Amaretto-Kuchen (Ø 20/22/24 cm)

	Ø 20 cm	Ø 22 - 24 cm
Für die Springform:		
etwas Fett		
Rührteig:		
Amarettini (ital. Mandelgebäck)	50 g	60 g
weiche Margarine oder Butter	125 g	150 g
Zucker	125 g	150 g
Dr. Oetker Finesse Natürliches Bourbon-Vanille-Aroma	1 Päckchen	1 Päckchen
Eier (Größe M)	2	3
Weizenmehl	125 g	150 g
Dr. Oetker Original Backin	1 gestrichener TL	1 gestrichener TL
Dr. Oetker Gustin Feine Speisestärke	25 g	30 g
Orangen-Amaretto-Tränke:		
Orangensaft	75 ml	100 ml
Amaretto-Likör	2 EL	2 EL
Zum Verzieren:		
weiße Kuvertüre	25 g	30 g

Vorbereiten: Zunächst heizen Sie den Backofen vor. Fetten Sie die Springform. Für den Teig die Amarettini grob hacken.

Rührteig: Weiche Margarine oder Butter in einer Rührschüssel mit einem Handrührgerät (Rührbesen) geschmeidig rühren. Nach und nach Zucker und Finesse unter Rühren hinzufügen, bis eine gebundene Masse entsteht. Jedes Ei etwa 1/2 Minute auf höchster Stufe unterrühren. Mehl mit Backin und Gustin mischen, sieben und kurz auf mittlerer Stufe unterrühren. Zuletzt Amarettini unterheben. Teig in der Springform glatt streichen. Form auf dem Rost auf unterster Einschubleiste in den Backofen schieben.

Ober-/Unterhitze: etwa 180°C (vorgeheizt)
Heißluft: etwa 160°C (vorgeheizt)
Gas: Stufe 2-3 (vorgeheizt)
Backzeit: etwa 50 Minuten
Den Kuchen in der Form noch **heiß** tränken.

Orangen-Amaretto-Tränke: Saft mit Amaretto-Likör gut verrühren und gleichmäßig nach und nach über den Kuchen geben. Kuchen in der Form auf einem Kuchenrost erkalten lassen.
Inzwischen die Kuvertüre grob hacken und im Wasserbad bei schwacher Hitze schmelzen.
Den Kuchen aus der Form lösen und die Oberseite des Kuchens mit der Kuvertüre besprenkeln. Nach Wunsch noch einige Amarettini oder Orangenscheibchen dekorativ auf dem Kuchen verteilen.

TIPPS:
- Zum Tränken des Kuchens können Sie diesen auch mit einem Holzstäbchen mehrfach einstechen. Die Tränke nach und nach auf dem Kuchen verteilen, so dass die Flüssigkeit aufgesogen werden kann.
- Sie können den Kuchen auch nur mit Orangensaft tränken.

Man nehme:

Joghurttorte mit Aprikosen (Ø 26/28 cm)

Für die Springform:	Ø 26 cm	Ø 28 cm
etwas Fett, Backpapier		
Rührteig:		
weiche Margarine oder Butter	100 g	125 g
Zucker	100 g	125 g
Dr. Oetker Vanillin-Zucker	1 Päckchen	1 Päckchen
Eier (Größe M)	3	4
125 g Weizenmehl	100 g	125 g
Dr. Oetker Original Backin	1 TL	1 1/2 TL
Dr. Oetker Gustin Feine Speisestärke	15 g	20 g
Joghurtmasse:		
Dr. Oetker Gelatine weiß	9 Blatt	10 Blatt
Joghurt, z.B. Dr. Oetker Onken	500 g	500 g
Zucker	150 g	180 g
Dr. Oetker Vanillin-Zucker	1 Päckchen	1 Päckchen
Dr. Oetker Finesse Geriebene Zitronenschale	2 Päckchen	2 Päckchen
Saft von	2 Zitronen	3 Zitronen
kalte Schlagsahne	400 g	500 g
Belag und Guss:		
Aprikosen (Abtropfgewicht 480 g)	1 Dose	1 Dose
Dr. Oetker Gelatine weiß	5 Blatt	5 Blatt
Aprikosensaft	(aus der Dose)	(aus der Dose)
Saft von	1 Zitrone	1 Zitrone
gesiebter Puderzucker	50 g	50 g

Vorbereiten: Heizen Sie den Backofen vor. Fetten Sie den Boden der Springform und belegen Sie den Boden mit Backpapier.

Rührteig: Weiche Margarine oder Butter in einer Rührschüssel mit einem Handrührgerät (Rührbesen) geschmeidig rühren. Nach und nach Zucker und Vanillin-Zucker unter Rühren hinzufügen, bis eine gebundene Masse entsteht. Jedes Ei etwa 1/2 Minute auf höchster Stufe unterrühren. Mehl mit Backin und Gustin mischen, sieben und in 2 Portionen kurz auf mittlerer Stufe unterrühren. Teig in der Springform glatt streichen. Form auf dem Rost auf mittlerer Einschubleiste in den Backofen schieben.

Ober-/Unterhitze: etwa 180°C (vorgeheizt)
Heißluft: etwa 160°C (vorgeheizt)
Gas: Stufe 2-3 (vorgeheizt)
Backzeit: etwa 20 Minuten

Springformrand lösen und entfernen, Boden auf einen mit Backpapier belegten Kuchenrost stürzen, das mitgebackene Papier vorsichtig abziehen und den Boden erkalten lassen.

Joghurtmasse: Gelatine nach Packungsanleitung einweichen. Joghurt mit Zucker, Vanillin-Zucker, Finesse und Zitronensaft verrühren. Sahne steif schlagen. Gelatine nach Packungsanleitung auflösen. Erst etwa 4 Esslöffel der Joghurtmasse mit Hilfe eines Schneebesens mit der aufgelösten Gelatine verrühren, dann mit der übrigen Masse verrühren. Wenn die Masse zu gelieren beginnt, Sahne unterheben.

Belag und Guss: Aprikosen auf einem Sieb abtropfen lassen, dabei den Saft auffangen. Den Boden auf eine Tortenplatte legen und einen Tortenring darumstellen. Den Boden mit etwa der Hälfte der Aprikosen belegen, die Joghurtmasse darauf geben und glatt streichen. Die Torte etwa 1 Stunde in den Kühlschrank stellen.

Für den Guss die Gelatine wie oben angegeben einweichen und auflösen. Die übrigen Aprikosen pürieren mit dem Zitronensaft und dem aufgefangenen Aprikosensaft auf 400 ml auffüllen und mit Puderzucker mischen. Erst etwa 4 Esslöffel der Flüssigkeit mit Hilfe eines Schneebesens mit der aufgelösten Gelatine verrühren, dann mit der übrigen Masse verrühren. Wenn der Guss anfängt dicklich zu werden, ihn gleichmäßig auf der Joghurt-masse verteilen und die Torte etwa 2 Stunden in den Kühlschrank stellen.

Vor dem Servieren den Tortenring vorsichtig lösen und entfernen.

Man nehme:

Obsttorte (All-in-Teig)

Für die Obstbodenform (Ø 28 oder 30 cm):
etwas Fett
All-in-Teig:
125 g Weizenmehl
2 1/2 gestrichene TL Dr. Oetker Original Backin
100 g Zucker
1 Päckchen Dr. Oetker Vanillin-Zucker
4 Eier (Größe M)
3 EL Speiseöl, z. B. Sonnenblumenöl
2 EL Essig, z. B. Obstessig
Belag:
etwa 1 kg frisches Obst, z. B. Himbeeren, Heidelbeeren, Pflaumen, Kiwis
etwas Zucker
Tortenguss:
1 Päckchen Dr. Oetker Tortenguss
2 EL Zucker
250 ml (1/4 l) Wasser

Vorbereiten: Heizen Sie den Backofen vor. Fetten Sie die Obstbodenform.

All-in-Teig: Mehl mit Backin mischen und in eine Rührschüssel sieben. Übrige Zutaten nacheinander zufügen und alles mit einem Handrührgerät (Rührbesen) kurz auf niedrigster, dann auf höchster Stufe in 1 Minute zu einem glatten Teig verrühren.

Den Teig in die Obstbodenform füllen, glatt streichen und die Form auf dem Rost auf unterster Einschubleiste in den Backofen schieben.

Ober-/Unterhitze: etwa 200°C (vorgeheizt)
Heißluft: etwa 180°C (vorgeheizt)
Gas: Stufe 3-4 (vorgeheizt)
Backzeit: etwa 15 Minuten

Den Obstboden auf einen mit Backpapier belegten Kuchenrost stürzen und erkalten lassen.

Belag: Obst waschen, gut abtropfen lassen, entstielen, verlesen oder schälen, halbieren oder in Scheiben schneiden. Vorbereitete Früchte mit Zucker bestreuen und kurze Zeit stehen lassen. Die Früchte auf den Tortenboden legen.

Tortenguss: Aus Tortengusspulver, Zucker und Wasser nach Packungsanleitung einen Guss zubereiten und mit Hilfe eines Esslöffels zügig von der Mitte auf dem Obst verteilen. Den Guss fest werden lassen.

TIPP: Statt frischer Früchte können Sie auch Dosenfrüchte nach Belieben (Abtropfgewicht etwa 500 g) verwenden. Dosenfrüchte gut abtropfen lassen, dabei den Saft auffangen und den Tortenguss daraus nach Packungsanleitung zubereiten.

Man nehme:

Ananas-Marzipan-Kuchen (25/30 x 11 cm)

Für die Kastenform:	25 x 11 cm	30 x 11 cm
etwas Fett, Weizenmehl		
Rührteig:		
Ananasstücke	1 Dose (Abtropfgewicht 135 g)	1 Dose (Abtropfgewicht 265 g)
Marzipan-Rohmasse	150 g	200 g
weiche Margarine oder Butter	140 g	175 g
Zucker	140 g	175 g
Dr. Oetker Vanillin-Zucker	1 Päckchen	1 Päckchen
Salz	1 Prise	1 Prise
Eier (Größe M)	3	3
Weizenmehl	240 g	300 g
Dr. Oetker Original Backin	1 1/2 gestrichene TL	2 gestrichene TL
Außerdem:	Puderzucker	Puderzucker
Backzeit:	etwa 55 Minuten	etwa 65 Minuten

Vorbereiten: Heizen Sie den Backofen vor. Fetten und mehlen Sie die Kastenform. Lassen Sie die Ananasstücke auf einem Sieb gut abtropfen und schneiden Sie besonders große Stücke etwas kleiner.

Rührteig: Marzipan klein schneiden, in eine Rührschüssel geben und mit einem Handrührgerät (Rührbesen) gut verrühren. Weiche Margarine oder Butter hinzufügen und alles auf höchster Stufe zu einer geschmeidigen Masse verrühren. Nach und nach Zucker, Vanillin-Zucker und Salz unter Rühren hinzufügen, bis eine gebundene Masse entsteht. Jedes Ei etwa 1/2 Minute auf höchster Stufe unterrühren. Mehl mit Backin mischen, sieben und in 2 Portionen kurz auf mittlerer Stufe unterrühren. Ananasstücke vorsichtig auf niedrigster Stufe unter den Teig rühren. Teig in die Kastenform füllen und glatt streichen. Die Form auf dem Rost im unteren Drittel in den Backofen schieben.

Ober-/Unterhitze: etwa 180°C (vorgeheizt)
Heißluft: etwa 160°C (vorgeheizt)
Gas: Stufe 2-3 (vorgeheizt)
Backzeit: siehe Tabelle

Den Kuchen 10 Minuten in der Form stehen lassen, dann aus der Form lösen und auf einem Kuchenrost erkalten lassen. Vor dem Servieren mit Puderzucker bestäuben.

TIPP: Sie können den Kuchen mit einem Schokoguss überziehen. Dazu 150 g (200 g) Zartbitterschokolade zerkleinern und mit 2 TL (2 EL) Speiseöl im Wasserbad bei schwacher Hitze schmelzen. Den erkalteten Kuchen damit überziehen und den Guss fest werden lassen.

Ananas-Kranz

Für die Kranzform (Ø 22 cm):
etwas Fett, Weizenmehl

Rührteig:
150 g weiche Margarine oder Butter
150 g Zucker
1 Päckchen Dr. Oetker Vanillin-Zucker
1 Prise Salz
4 Eier (Größe M)
150 g Weizenmehl
3 gestrichene TL Dr. Oetker Original Backin
100 g Kokosraspel

Füllung:
1 Dose Ananasstücke (Abtropfgewicht 265 g)
6 Blatt Dr. Oetker Gelatine weiß
300 g kalte Schlagsahne
125 ml (1/8 l) Ananassaft (aus der Dose)
250 g Dr. Oetker Onken Joghurt mild (3,7% Fett) Bourbon Vanille
75 g Zucker

Außerdem:
50 g Kokosraspel
einige Belegkirschen

Vorbereiten: Heizen Sie zunächst den Backofen vor. Fetten und mehlen Sie die Kranzform (Ø 22 cm).

Rührteig: Weiche Margarine oder Butter in einer Rührschüssel mit einem Handrührgerät (Rührbesen) geschmeidig rühren. Nach und nach Zucker, Vanillin-Zucker und Salz unter Rühren hinzufügen, bis eine gebundene Masse entsteht. Jedes Ei etwa 1/2 Minute auf höchster Stufe unterrühren. Mehl und Backin mischen, sieben und in 2 Portionen kurz auf mittlerer Stufe unterrühren. Zuletzt Kokosraspel unterheben. Den Teig in die Kranzform füllen und glatt streichen. Die Form auf dem Rost in den Backofen schieben.

Ober-/Unterhitze: etwa 180°C (vorgeheizt)
Heißluft: etwa 160°C (vorgeheizt)
Gas: Stufe 2-3 (vorgeheizt)
Backzeit: etwa 35 Minuten

Den Kuchen noch 10 Minuten in der Form stehen lassen, dann auf einen Kuchenrost stürzen und erkalten lassen.

Den Kranz zweimal waagerecht durchschneiden.

Füllung: Ananasstücke auf einem Sieb abtropfen lassen, dabei den Saft auffangen und 125 ml abmessen (eventuell mit Wasser ergänzen). Gelatine nach Packungsanleitung einweichen. Sahne steif schlagen. Gelatine nach Packungsanleitung auflösen. Saft mit Joghurt und Zucker verrühren. Erst etwa 4 Esslöffel des Joghurts mit Hilfe eines Schneebesens mit der aufgelösten Gelatine verrühren, dann mit der übrigen Masse verrühren. Wenn die Masse zu gelieren beginnt, Sahne unterheben. Sollten die Ananasstücke sehr groß sein, diese vorher etwas kleiner schneiden. Einige Ananasstücke für die Dekoration beiseite legen. Zum Garnieren die Kokosraspel in einer Pfanne ohne Fett goldgelb rösten und auf einem Teller erkalten lassen. Den unteren Boden auf eine Tortenplatte legen, mit der Hälfte der Ananasstücke belegen und mit 1/4 der Creme bestreichen. Zweiten Boden auflegen, etwas andrücken, mit den restlichen Ananasstücken belegen und ebenfalls mit 1/4 der Creme bestreichen. Den oberen Boden auflegen. Den Kranz mit der übrigen Creme rundherum einstreichen und mit Kokosraspeln bestreuen. Ananas und Belegkirschen dekorativ auflegen und das Gebäck mindestens 3 Stunden in den Kühlschrank stellen.

TIPP: Alternativ können Sie die Füllung auch mit 50 ml Ananassaft und 75 ml Batida de Coco zubereiten.

Man nehme:

Apfel-Krokant-Hupf (Ø 22/24 cm)

	Ø 22 cm	Ø 24 cm
Für die Gugelhupfform: etwas Fett, Weizenmehl		
Walnusskrokant:		
Butter	2 TL	2 TL
Zucker	100 g	100 g
gehackte Walnusskerne	100 g	100 g
Hefeteig:		
Apfelsaft	100 ml	125 ml (1/8 l)
Butter oder Margarine	100 g	125 g
Weizenmehl	400 g	500 g
Dr. Oetker Trockenbackhefe	2 Päckchen	2 Päckchen
Zucker	100 g	125 g
Eier (Größe M)	2	3
Speisequark (20% Fett i.Tr.)	125 g	125 g
Außerdem:		
Äpfel	250 g	350 g
Puderzucker		

Vorbereiten: Butter, Zucker und gehackte Walnusskerne unter Rühren so lange erhitzen, bis der Krokant gebräunt ist. Masse auf ein Stück Alufolie geben und erkalten lassen. Für den Teig erwärmen Sie nun den Apfelsaft in einem kleinen Topf und zerlassen darin die Butter oder Margarine.

Hefeteig: Mehl in eine Rührschüssel sieben und sorgfältig mit der Hefe vermischen. Übrige Zutaten und die warme Apfelsaft-Fett-Mischung hinzufügen und alles mit einem Handrührgerät (Knethaken) kurz auf niedrigster, dann auf höchster Stufe in etwa 5 Minuten zu einem glatten Teig verkneten. Teig zugedeckt an einem warmen Ort so lange gehen lassen, bis er sich sichtbar vergrößert hat.

Inzwischen fetten und mehlen Sie die Gugelhupfform. Heizen Sie den Backofen vor. Walnusskrokant zerkleinern. Äpfel schälen, vierteln, entkernen, in kleine Würfel schneiden und zusammen mit dem Walnusskrokant kurz unter den Teig kneten. Teig in die Gugelhupfform füllen. Die Form kurz auf die Arbeitsfläche schlagen, damit sich eventuelle "Teiglücken" ausgleichen und nochmals etwa 10 Minuten gehen lassen. Form im unteren Drittel auf dem Rost in den Backofen schieben.

Ober-/Unterhitze: etwa 180°C (vorgeheizt)
Heißluft: etwa 160°C (vorgeheizt)
Gas: Stufe 2-3 (vorgeheizt)
Backzeit: etwa 50 Minuten

Gugelhupf nach dem Backen noch 10 Minuten in der Form auf einem Kuchenrost abkühlen lassen, dann erst lösen, stürzen und erkalten lassen.
Vor dem Servieren mit Puderzucker bestäuben.

TIPP: Sie können den Kuchen gut einfrieren.

Man nehme:

Rehrücken

Für die Rehrückenform (30 x 11 cm):
etwas Fett
Rührteig:
100 g Zartbitterschokolade
100 g weiche Margarine oder Butter
150 g Zucker
1 Päckchen Dr. Oetker Vanillin-Zucker
1 Prise Salz
3 Eier (Größe M)
50 g Weizenmehl
1 Päckchen Dr. Oetker Original Puddingpulver Schokolade
2 gestrichene TL Dr. Oetker Original Backin
2 EL Milch
75 g abgezogene, gemahlene Mandeln
Guss:
150 g Zartbitterschokolade
1 EL Speiseöl
40 g gestiftelte Mandeln

Vorbereiten: Heizen Sie den Backofen vor. Fetten Sie die Rehrückenform. Für den Teig reiben Sie die Schokolade auf einer Küchenreibe.

Rührteig: Weiche Margarine oder Butter in einer Rührschüssel mit einem Handrührgerät (Rührbesen) geschmeidig rühren. Nach und nach Zucker, Vanillin-Zucker und Salz unter Rühren hinzufügen, bis eine gebundene Masse entsteht. Jedes Ei etwa 1/2 Minute auf höchster Stufe unterrühren. Geriebene Schokolade kurz unterrühren. Mehl mit Puddingpulver und Backin mischen, sieben und abwechselnd mit der Milch in 2 Portionen auf mittlerer Stufe unterrühren. Zuletzt die Mandeln kurz unter den Teig rühren, ihn in die Form füllen und glatt streichen. Die Form auf dem Rost in den Backofen schieben.

Ober-/Unterhitze: etwa 180°C (vorgeheizt)
Heißluft: etwa 160°C (vorgeheizt)
Gas: Stufe 2-3 (vorgeheizt)
Backzeit: etwa 55 Minuten

Den Kuchen 10 Minuten in der Form stehen lassen, anschließend auf einen Kuchenrost stürzen und erkalten lassen.

Guss: Zartbitterschokolade grob zerkleinern und mit dem Öl im Wasserbad bei schwacher Hitze schmelzen. Den erkalteten Kuchen damit überziehen und mit gestiftelten Mandeln spicken.

TIPPS:
- Die Schokolade lässt sich gut reiben, wenn sie vorher einige Zeit in den Kühlschrank gelegt wurde.
- Noch saftiger schmeckt der Kuchen, wenn er sofort nach dem Backen aprikotiert wird. Dafür etwa 4 EL Aprikosenkonfitüre durch ein Sieb streichen und mit 1 EL Wasser in einem Topf unter Rühren aufkochen lassen. Das heiße Gebäck sofort damit bestreichen, erkalten lassen und erst dann mit dem Guss überziehen.

Man nehme:

Mehr Lust auf Leckeres?

Sie backen gerne für Geburtstagskinder, Kaffeetafeln oder gemütliche Sonntagnachmittage? Dann ist eine **Mitgliedschaft im Dr. Oetker Back-Club** genau das Richtige für Sie. Denn neben neuen köstlichen Rezepten für jeden Anlass bietet er für **nur 12,50 € im Jahr** seinen Mitgliedern viele Angebote und Möglichkeiten:

- neue, gelingsichere Rezepte, entwickelt von der Dr. Oetker Versuchsküche,
- 6-mal im Jahr das Club-Magazin „Gugelhupf" mit Rezepten, Tipps und Tricks,
- Gratisproben,
- Back-Seminare zu günstigen Club-Preisen,
- eine kostenlose Back-Hotline in die Dr. Oetker Versuchsküche für alle Fragen rund ums Backen,
- Preisvorteil beim Einkaufen in der Dr. Oetker Collection.

Wenn Sie selbst Mitglied werden oder eine Mitgliedschaft für ein Jahr verschenken möchten, dann schicken Sie diese Karte an:
Dr. Oetker Back-Club, 33543 Bielefeld.

Haben Sie Fragen zur Mitgliedschaft? Informationen erhalten Sie telefonisch unter **0 800/70 10 300** (gebührenfrei), per E-Mail unter der Adresse **club@oetker.de** oder via Internet unter **www.oetker.de**.

Werden Sie Mitglied im Dr. Oetker Back-Club!

☐ Ja, ich möchte Mitglied im Dr. Oetker Back-Club werden!

☐ Ja, ich möchte eine Mitgliedschaft verschenken. Senden Sie mir bitte die Unterlagen zu.

_____
Name

_____   _____
Vorname   Geburtsdatum

_____
Straße, Hausnummer

_____
PLZ   Ort

Lassen Sie den Jahresbeitrag von 12,50 € von meinem Konto abbuchen:

_____
bei (Geldinstitut)

_____   _____
Konto-Nr.   BLZ   Datum, Unterschrift

Mit dem Club-Beitrag von 12,50 € im Jahr habe ich Anspruch auf alle kostenlosen Service-Leistungen und alle weiteren Angebote des Dr. Oetker Back-Clubs. Darüber hinaus gehe ich keine weiteren Verpflichtungen ein. Die Mitgliedschaft verlängert sich automatisch um ein Jahr, wenn nicht 3 Monate vor Ablauf des Mitgliedsjahres gekündigt wird.
Widerrufsrecht: Diesen Antrag kann ich innerhalb von 2 Wochen, ab Erhalt des ersten Club-Magazins, ohne Angabe von Gründen schriftlich (Brief, Fax, E-Mail) widerrufen. Der Widerruf ist an Dr. Oetker Back-Club, 33543 Bielefeld oder an die Faxnummer 0 800 / 70 10 300 (gebührenfrei) oder an club@oetker.de zu richten. Zur Wahrung der Widerrufsfrist genügt die rechtzeitige Absendung des Widerrufs. Im Falle eines wirksamen Widerrufs muss ich bereits erhaltene Leistung nicht zurückgeben.

*Classic 9106

Herstellung und Vertrieb: LEIFHEIT AG, Leifheitstraße, 56377 Nassau

Gerhard Kellner
Ketex - Der Hobbybrotbäcker

BAUERNBROTE
& Brötchen
nach traditionellen Rezepturen

Für
Miriam und Emmi

INHALT

8 Vorwort

Informationsteil

10 Anstellgut
12 Wichtige Fakten
14 Das richtige Handwerkszeug
16 Backen mit langer kalter Führung
20 Zeitplanung beim Brötchenbacken
22 Stretch & fold
24 Mehlkunde

180 Abkürzungen und Fachbegriffe
184 Rezeptregister
188 Impressum

Sauerteigbrote und Sauerteigbrötchen

28 mit hohem Roggenanteil
60 mit hohem Weizenanteil
100 Mischbrote
122 mit Dinkel

Hefeteigbrote und Hefeteigbrötchen

136 für süße Beläge
144 für süße und pikante Beläge
170 mit Dinkel

WIE ICH ZUM HOBBY-BROTBÄCKER WURDE

Bei einem Grillabend mit Freunden kam das Gespräch auf französische Baguettes und darauf, dass es in unserer Gegend kein vernünftiges Baguette zu kaufen gibt. Es waren nur alles irgendwie Weißbrote. Ich hatte durch mehrfache Urlaube in Frankreich ganz andere Vorstellungen von einem leckeren Baguette.

Ich nahm in der Runde den Mund ziemlich voll und meinte, so schwer könne das doch nicht sein. Gesagt – getan: Ich versuchte mich im Internet schlau zu machen. Das war gar nicht so einfach, denn die Informationen im Internet waren so vielseitig, dass einem schwindelig werden konnte. Fachbegriffe wurden einem um die Ohren gehauen. Schließlich suchte ich mir ein Rezept aus einem Backforum, kaufte Mehl und legte los.

Meine ersten Baguettes wurden auf ein Backblech bugsiert und dann gebacken. Was für eine große Enttäuschung. Es wurden längliche Knüppel, die auch nicht richtig schmeckten. Also wieder ins Netz und weiter gesucht und gelesen.

Mittlerweile war ich auch im Sauerteigforum über Sauerteig gestolpert. Nach einigen weiteren Baguette-Versuchen, die immer besser wurden, entstand mein erstes Rezept „Baguette mit Sauerteig". Jetzt hatte ich auch schon die ersten Brotbackversuche hinter mir und meine Erfahrungen wuchsen. Ich möchte betonen, dass ich alle Kenntnisse aus dem Netz habe. In meinem früheren Berufsleben hatte ich nie etwas mit Backen zu tun und hätte mir auch nicht träumen lassen, dass es mal meine große Leidenschaft sein würde.

Meine Backphilosophie

Getreu meinem Motto „Gutes Brot braucht seine Zeit" sind die meisten Rezepte in diesem Buch mit einer langen kalten Führung gemacht. Die langen Geh- und Ruhezeiten geben dem Gebäck erst den richtigen Geschmack. Und so kann auch die Hefemenge erheblich reduziert werden: für 1 kg Mehl braucht man nur 10 g Frischhefe (gegenüber 42 g, die es sonst braucht). Machen Sie einmal den Geschmackstest: Vergleichen Sie ein schnell gemachtes Brötchen vom Bäcker mit einem nach der langen kalten Führung Selbstgebackenen aus diesem Buch – der Unterschied ist gewaltig!

Ich weiß, so eine lange kalte Führung ist nicht ganz einfach in den Alltag zu integrieren, aber ich kann nur immer wieder betonen, es lohnt sich wirklich.

Ganz besonders gute Ergebnisse erhält man auch beim Verbacken von altem Teig. Dafür nehmen Sie etwas von Ihrem Brotteig und lagern es 8 bis 10 Tage im Kühlschrank. Geben Sie diesen gelagerten Teig zu Ihrem frischen Teig dazu. Wer einmal Brötchen mit altem Teig gegessen hat, wird vom Geschmack überzeugt sein.

Aber Sie finden in meinem Buch auch zwei schnelle Rezepte, bei denen die frischen Brötchen schon nach 3 Stunden auf dem Tisch stehen (Rezept Seite 169, 174).

Übung macht den Meister

Es ist mir wichtig, dass meine Rezepte gut nachzubacken sind – trotzdem wird Ihnen (wie auch mir) immer mal wieder etwas nicht wie gewünscht gelingen. Das kann an vielen Sachen liegen, zum Beispiel an der Luftfeuchtigkeit, der Raumtemperatur oder dem Backofen. Wie bei allem Handwerk gilt: „Übung macht den Meister". Lassen Sie sich durch Rückschläge nicht entmutigen. Auf dem Blog www.ketex.de beantworten Axel Bauer und ich Fragen zu den Rezepten und wie man am besten vorgeht. Angegliedert ist auch ein kleiner Shop www.ketex.de/online-shop, in dem Sie erprobte Backutensilien und Mehle in kleinen Mengen und Bio-Qualität kaufen können.

Gutes Gelingen wünscht Ihnen Ihr
Gerhard Kellner

ANSTELLGUT – EINE „SAURE" SACHE

Anstellgut ist nichts anderes als ein reifer Sauerteig, der zum Ansetzen von einem neuen Sauerteig eingesetzt wird. Das Anstellgut, also der gereifte Sauerteig, enthält Milchsäurebakterien und Sauerteighefen, die für den Geschmack und die Entwicklung des neuen Teigs notwendig sind.

Für das Anstellgut eignet sich jedes Mehl, auch Vollkornmehl, jedoch sind Mehle mit hoher Typennummer am besten dafür. Ich verwende meist:

- Roggenmehl Type 1150 für **Roggenanstellgut**
- Weizenmehl Type 1050 für **Weizenanstellgut**
- Dinkelmehl Type 1050 für **Dinkelanstellgut**.

Herstellung, Pflege und Verwendung des Anstellguts

Nehmen Sie von Ihrem Sauerteig jeweils eine kleine Menge ab, den Sie dann als Anstellgut für den nächsten Teig verwenden.

Für das erste Anstellgut verfahren Sie folgendermaßen:

1. Tag
50 g Mehl + 50 g Wasser in einer Glas- oder Porzellanschüssel glatt verrühren (Kunststoff kann durch den Sauerteig angegriffen werden). Abdecken und 12 Stunden bei Raumtemperatur ruhen lassen, dann gut durch- rühren und weitere 12 Stunden ruhen lassen.

2. Tag
- Wieder 50 g Mehl + 50 g Wasser glatt verrühren und mit dem Teig vermengen.
- Abdecken und 12 Stunden bei Raumtemperatur ruhen lassen, dann gut durchrühren und weitere 12 Stunden ruhen lassen.

3., 4. und 5. Tag
Die Prozedur von Tag 2 wiederholt sich täglich:
- Wieder 50 g Mehl + 50 g Wasser glatt verrühren und mit dem Teig vermengen.
- Abdecken und 12 Stunden bei Raumtemperatur ruhen lassen, dann gut durchrühren und weitere 12 Stunden ruhen lassen.

Am 6. Tag
sollte der Sauerteig fertig sein: Er riecht und schmeckt leicht säuerlich und zeigt kleine Bläschen. Von den jetzt entstanden 500 g nimmt man ca. 150 g Teig ab, gibt ihn in ein Schraubglas und stellt es in den Kühlschrank. Das ist das Anstellgut für die nächsten Sauerteigproduktionen. Die restlichen 350 g Sauerteig können sofort verbacken werden.

Anstellgut wird eingesetzt, um einem frischen Sauerteig mehr Aroma und eine bessere Triebfähigkeit zu verleihen. Geben Sie bei den ersten drei bis fünf Verwendungen eine kleine Menge Frischhefe (1% der Gesamtmehlmenge) als Triebhilfe hinzu, bis das Anstellgut seine volle Triebfähigkeit erreicht hat. Bei Hefebroten wird aus den gleichen Gründen auch oft „alter Teig" eingesetzt. Das ist ein Rest vom letzten Teig, der im Kühlschrank aufbewahrt wurde.

So füttern Sie Ihr Anstellgut

Das Anstellgut wird – je nach entnommener Menge – jede Woche oder alle 14 Tage mit 50 g Mehl und 50 g Wasser gefüttert, glatt gerührt und 10 Stunden bei Raumtemperatur stehen gelassen. Danach wieder kühl gestellt. So gepflegt, kann der Sauerteigansatz lange erhalten bleiben und dabei geschmacklich immer besser werden.

Fehler und was Sie tun müssen

Wenn sich das Anstellgut rot, grün, bläulich oder schwarz verfärbt oder sich „Haare" darauf bilden, unbedingt entsorgen. Wenn das Anstellgut nach Nagellackentferner riecht oder sich oben drauf eine graue Flüssigkeit (Fusel) bildet, einfach nur umrühren und wieder füttern, nach 10 Stunden ist wieder alles in Ordnung.

FAKTEN, DIE SIE WISSEN SOLLTEN

1 Mehl ist ein Naturprodukt. Somit kann die Feuchtigkeitsaufnahme sehr unterschiedlich sein. Daher die Flüssigkeit immer schluckweise zum Teig geben. So vermeidet man ein Auseinanderlaufen des Teiges durch eine zu hohe Flüssigkeitsmenge.

2 Beim Kneten gibt man die Butter erst kurz vor Schluss zu. Würde man sie vorher dazugeben, behindert das Fett die Bildung des Klebergerüstes, das für die Form und die Konsistenz wichtig ist.

3 Lernen Sie Ihren Backofen kennen, denn die Verteilung der Hitze wirkt sich aufs Backergebnis aus. Mancher Ofen backt hinten besser als vorne, dann sollten Sie das Gebäck nach der Hälfte der Backzeit einfach drehen.

4 Backen Sie Brote und Brötchen auf der untersten Schiene.

5 Alle Gebäcke nur mit Ober- und Unterhitze backen. Umluft trocknet das Gebäck zu schnell aus.

6 Bei Flüssigkeitszugaben bitte beachten, dass Milch Raumtemperatur haben sollte, Wasser wird aus dem Hahn genommen.

7 Garprobe: Brot und Brötchen sind gut, wenn man auf die Unterseite klopft und es schön hohl klingt.

8 Lassen Sie Ihr Gebäck auf einem Backrost abkühlen.

9 Hefemenge: Die Hefemenge beträgt 1 % der Mehlmenge, dadurch kommt es hier oft zu krummen Werten wie 3,3 g. Wenn Sie keine so genaue Waage haben (ich empfehle eine Löffelwaage), können Sie die Hefemenge aufrunden.

10 Salz: Sie können auch mal mit Fleur de Sel oder Meersalz experimentieren.

11 Backmalz: Das flüssige Backmalz ist enzyminaktiv und dient als Futter für die Hefe, rundet den Geschmack ab und gibt der Kruste eine dunklere Farbe. Backmalzpulver ist enzymaktiv und beschleunigt die Gärung.

12 Knetmaschine/Küchenmaschine: Brotteig ist viel schwerer als Kuchenteig. Wenn Sie Ihr Brot öfter selbst machen wollen, sollten Sie sich eine speziell dafür geeignete Küchenmaschine zulegen.

13 Schwaden: Wenn die Teiglinge auf dem Blech in den heißen Ofen geschoben werden, wird mit einer feinen Blumenspritze (ich nehme eine Orchideenspritze) heißes Wasser links und rechts an die Backofenwände gesprüht, je Seite ca. 3 Sprühstöße. Nach 10 Minuten wird durch kurzes Öffnen der Backofentür der Dampf abgelassen.

Hefe braucht Wärme

Hefeteig braucht Wärme, um gut gehen zu können. Sollte Ihr Backofen über eine 30 °C Einstellung verfügen, dann ist das für Hefeteige wunderbar. Sie können sich aber auch ganz klassisch mit einer Wärmflasche und einer Kiste behelfen. Wenn Sie Ihre Liebe zum Backen entdeckt haben, lohnt sich auch der Kauf eines richtigen Gärgerätes.

DAS RICHTIGE HANDWERKSZEUG

1 Teigkarte aus flexiblem Silicon. Durch die Flexibilität kann man den Teig sehr schön aus den Schüsseln schaben. Sie können aber auch einen normalen Teigschaber nehmen.

2 Dieser **Teigabstecher** aus Edelstahl ist ein Profiwerkzeug. Er ist sehr praktisch, um kleine Mengen Teig abzustechen. Sie können aber auch ein scharfes Messer nehmen.

3 Semmeldrücker gibt es in verschiedenen Ausführungen. Ich nehme sie, um den Brötchen eine schöne Form zu geben.

4 Die **Löffelwaage** ermöglicht das Abwiegen kleinster Mengen.

5 Bäckerleinen stützt die Teiglinge und durch das Hochfalten werden sie auch davor geschützt, miteinander zu verkleben (siehe Seite 19). Das Besondere hieran ist, dass der Teig nicht am Gewebe klebt. Bäckerleinen muss nicht bemehlt werden.

6 Mit dieser **Abdeckfolie** mit Untergewebe werden die Teiglinge abgedeckt, um Austrocknung zu verhindern, zudem bildet sich unter der Folie ein Mikroklima. Das Untergewebe verhindert das Ankleben der Folie am Teigling. Alternativ können Sie ein gut bemehltes Küchentuch nehmen.

7 Mit dem **Brotstempel** wurde das Grundnahrungsmittel Brot verziert. Dieses Brauchtum war entstanden, um Gott für die Nahrung zu danken.

Zusätzlich brauchen Sie bei den meisten Backgängen noch eine Blumenspritze mit sehr feiner Sprühdüse, mit der Wasser gegen die heißen Ofenwände gesprüht wird. Die Feuchtigkeit sorgt dafür, dass der Teig länger weich bleibt.

SO GEHT ES: BACKEN MIT LANGER KALTER FÜHRUNG

Der systematische Ablauf bei Hefeteig

Schritt	Vorgang	Abdecken	Ruhephase Dauer	Ruhephase Temperatur
1	Vorteig anrühren: Start der Hefevermehrung, erkennbar an der Bläschenbildung	mit Frischhaltefolie	2–3 Stunden	Raumtemperatur
2	Den Vorteig von Schritt 1 für die Hefereifung in den Kühlschrank stellen	mit Frischhaltefolie	8–12 Stunden	Kühlschrank (+5 bis +8 °C), (mittlere oder obere Ebene)
3	Hauptteig ansetzen, 15 bis 18 Minuten in der Küchenmaschine kneten, dabei entwickelt sich das Klebergerüst	mit feuchtem Geschirrtuch	10–12 Stunden	Kühlschrank (+5 bis +8 °C)
4	Teiglinge formen	mit Abdeckfolie mit Untergewebe (siehe Seite 20/21)	1–1,5 Stunden	Raumtemperatur
5	Teiglinge backen: nur mit Ober- und Unterhitze			

Der systematische Ablauf bei Sauerteig ohne Hefezusatz

Schritt	Vorgang	Abdecken	Ruhephase Dauer	Ruhephase Temperatur
1	Sauerteig ansetzen unter Verwendung von Anstellgut	mit Frischhaltefolie	16 Stunden	Raumtemperatur
2	Hauptteig ansetzen, Teig mit der Küchenmaschine 5 bis 7 Minuten kneten	mit Frischhaltefolie	30 Minuten	Raumtemperatur
3	Teiglinge formen	mit Abdeckfolie mit Untergewebe	75 Minuten	Raumtemperatur
4	Teiglinge backen: nur mit Ober- und Unterhitze			

Der systematische Ablauf bei Sauerteig mit Hefezusatz

Schritt	Vorgang	Abdecken	Ruhephase Dauer	Ruhephase Temperatur
1	Sauerteig ansetzen unter Verwendung von Anstellgut	mit Frischhaltefolie	16 Stunden	Raumtemperatur
2	Vorteig ansetzen	mit Frischhaltefolie	2 Stunden 12 Stunden	Raumtemperatur Kühlschrank (+5 bis +8 °C)
3	Hauptteig ansetzen, Teig in der Küchenmaschine gut kneten	mit Frischhaltefolie	30 Minuten	Raumtemperatur
4	Teiglinge formen	mit Abdeckfolie mit Untergewebe	75 Minuten	Raumtemperatur
5	Teiglinge backen: nur mit Ober- und Unterhitze			

Das geschieht im Einzelnen bei Hefeteig

	Schritt ▼	Zutaten ▼	Was geschieht ▼
1 + 2	Vorteig anrühren und reifen lassen	Mehl + Wasser + Frischhefe	Die Hefe beginnt sich zu vermehren. Dabei verbraucht sie Mehl, das zu Alkohol und Kohlendioxid wird. Das Kohlendioxid erkennt man an den kleinen Bläschen.
3	Hauptteig ansetzen	Vorteig + Mehl + Wasser + Hefe + Salz + Backmalz	Durch intensives Kneten (15 bis 18 Minuten in der Küchenmaschine) verbinden sich Eiweißstoffe aus dem Mehl mit Wasser zu einem Gerüst (dem Klebergerüst), in das sich die durch die Hefevermehrung entstehenden Gase einlagern.
4	Teiglinge formen		Brötchen werden rund oder länglich geformt. Oft bekommen sie noch Schlitze, die man mit einem Brötchendrücker, scharfen Messer oder einer Rasierklinge tief in den Teig einritzt. Um die Teiglinge vor Austrocknung zu schützen, werden sie abgedeckt. Zudem bildet sich unter der Folie ein Mikroklima.
5	Teiglinge backen	Wasser	Durch die Hitze im Backofen entstehen Krume und Kruste, es entwickeln sich Geschmacksstoffe. Die Feuchtigkeit im Backofen sorgt dafür, dass der Teigling außen zunächst weich bleibt.

Toastbrotform
Rezept auf Seite 156

Bäckerleinen schützt die Teiglinge vor dem Zusammenkleben

DIE ZEITPLANUNG BEIM BRÖTCHENBACKEN

Gute Brötchen brauchen Zeit

Ofenfrische Brötchen am frühen Morgen sind bei der langen Führung schwierig hinzubekommen, es sei denn, man arbeitet nachts. Ich gehe meistens so vor:

1. Tag, 8 Uhr morgens
Die Zutaten für den Vorteig verrühren, den Vorteig 2 Stunden bei Raumtemperatur anspringen lassen, dann in den Kühlschrank stellen.

1. Tag, 20 Uhr abends
Den Vorteig mit den restlichen Zutaten zum Hauptteig verkneten, dann in den Kühlschrank stellen.

2. Tag, 8 Uhr morgens
Den Teig aus dem Kühlschrank nehmen und 1–2 Stunden akklimatisieren lassen, die Brötchen formen und ca. 45–60 Minuten ruhen lassen, dann backen.

Einfrieren und Aufbacken

Wenn Sie aber schon früh am Morgen die leckeren Brötchen und Brote genießen wollen, machen Sie es am besten so wie ich:

- Brötchen oder Brot werden fertig gebacken.
- Abgekühlt werden sie portionsweise in einen Gefrierbeutel eingeschweißt (das Gebäck soll luftdicht verpackt sein, aber es soll kein Vakuum im Beutel erzeugt werden). Wenn Sie Brotscheiben einfrieren, legen Sie Brotpapier zwischen die Scheiben.

Achtung: Lassen Sie die Backwaren nicht länger als 3 Wochen im Tiefkühlgerät! Es kommt sonst beim Aufbacken zu Krustenschäden.

- Zum Aufbacken legen Sie die gefrorenen Brötchen in den kalten Backofen auf den Backrost. Stellen Sie den Backofen auf 165 °C. Wenn diese Temperatur erreicht ist, geben Sie noch 2–3 Minuten dazu, dann sind die Brötchen fertig. Wenn Sie ganze Brote aufbacken, geben Sie 25–30 Minuten dazu. Brotscheiben werden bei Zimmertemperatur aufgetaut.

STRETCH & FOLD

Diese Methode dient zum Aufbau eines guten Klebergerüstes bei Gebäcken, die nur (oder hauptsächlich) aus einer Mehlsorte bestehen. Ein gutes Klebergerüst ist notwendig, um eine schöne lockere Porung im Brot zu erreichen.

1 Man nimmt den gut gekneteten Teig und formt einen Ball daraus.

2 Dann wird der Ball zu einem möglichst großen Viereck auseinandergezogen. Der Teig sollte dabei nicht reißen.

3 Nun nimmt man die beiden oberen Ecken und klappt den Teig zur Mitte.

4 Dann wird der Teig an den beiden unteren Ecken gefasst und über den eben gefalteten Teig gelegt. Es ist so ein länglicher, dreifach gefalteter Teigstrang entstanden.

5 Dieser Strang wird rechts und links gepackt und noch etwas auseinander gezogen.

6 Dann wird die rechte Seite des Teigstrangs zur Mitte geklappt.

7 Der linke Teil des Strangs wird auf den eben gefalteten Teig gelegt.

• Den Teig in eine Schüssel legen und für 30–45 Minuten ruhen lassen, dann beginnt die nächste „Stretch & fold"-Runde.

• So verfährt man insgesamt 3-mal. Beim zweiten Mal merkt man schon, wie der Teig eine festere Struktur bekommt.

Sollte der Teig einmal besonders weich sein, so lässt man ihn in der Schüssel und fährt mit einer Teigkarte am Rand des Teiges entlang und zieht den Teig bis zum gegenüberliegende Rand der Schüssel. Die Schüssel so oft drehen, dass man den Teig von allen Seiten streckt und faltet.

Im Internet auf Youtube gibt es dazu ein Video von mir: http://www.youtube.com/watch?v=VrcTHcLQ_GM

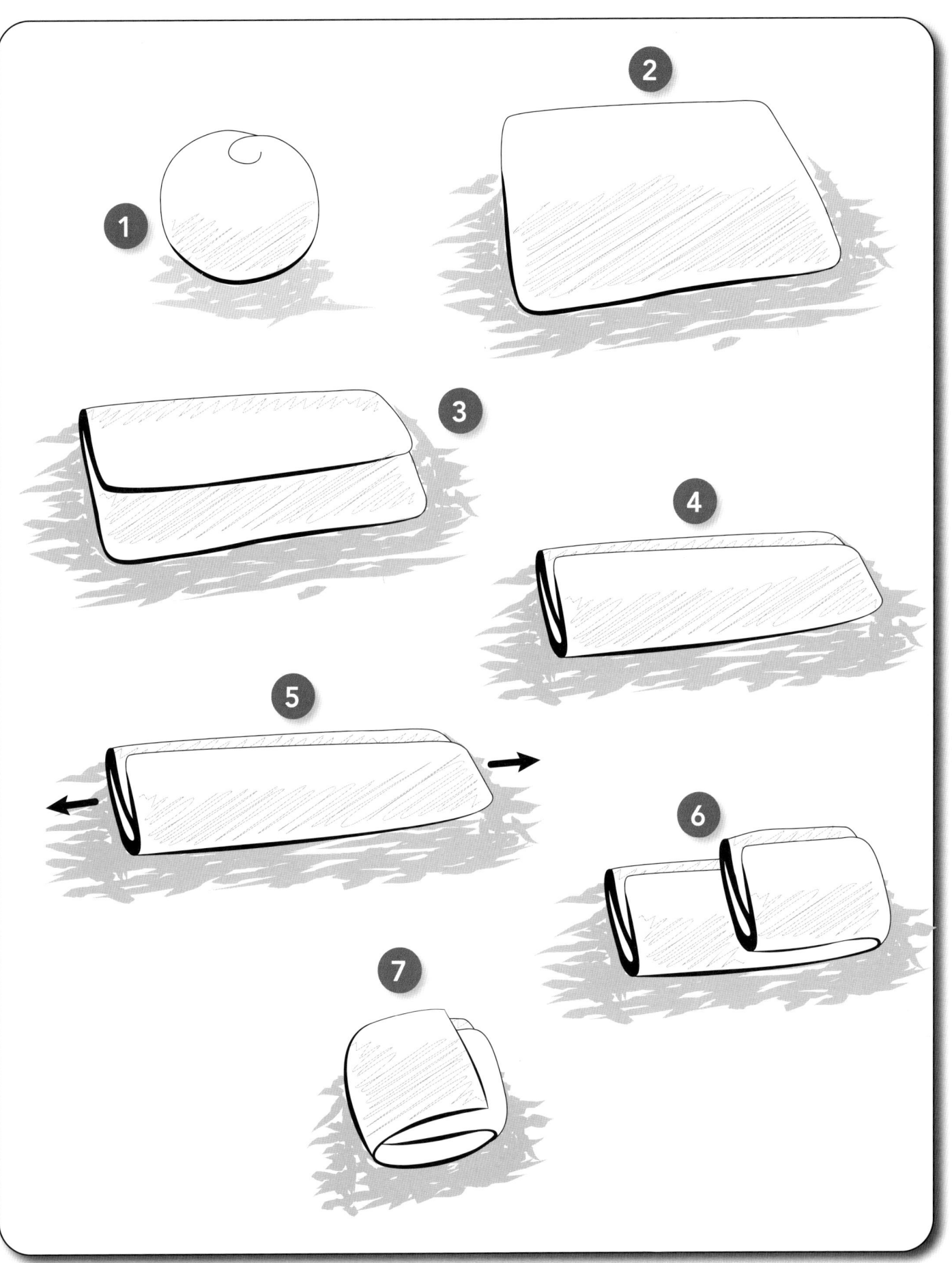

KLEINE MEHLKUNDE – es kommt auf die Type an!

Die Mehltype gibt an, wie hoch der Mineralstoffgehalt im Mehl ist. Je höher die Type, desto mehr Mineralstoffe sind enthalten. Vollkornmehle und -schrot enthalten die maximale Mineralstoffmenge.

Weizenmehl

Type 405
Dieses Haushaltsmehl ist zum Brotbacken ungeeignet.

Type 550
Gut geeignet für Brötchen, Baguettes und Hefegebäck.

Type 812
Ein etwas dunkleres Mehl, gut für helle Mischbrote.

Type 1050
Typisches Brotmehl für Grau- und Mischbrote.

Type 1700 Weizenvollkornmehl
Hierfür wird das volle Korn ohne den fetthaltigen Kern vermahlen.

Weizenschrot
Das Korn wird geschrotet, kann mit helleren Mehlen gut gemischt werden.

Roggenmehl

Type 815
In Süddeutschland verwendetes Mehl für helle Roggenbrote.

Type 997
Gut geeignetes Mehl für Mischbrote.

Type 1150
Kräftiges Mehl für Sauerteig und alle Brote.

Type 1370
Kräftiges, dunkles Roggenmehl für kernige Roggen- oder Roggenmischbrote.

Roggenvollkornmehl
Hier wird das volle Korn auch ohne den Keimling vermahlen. Für Schwarzbrote und kräftige Roggenbrote geeignet.

Roggenschrot
Das Korn wird geschrotet. Es gibt ihn in fein, mittel und grob. Dient bei vielen Broten auch als Dekoration (Aufstreu).

Dinkelmehl

Type 630
Dieses Mehl eignet sich sehr gut zum Beimischen von Brötchen, Baguettes oder hellen Mischbroten.

Type 815
Etwas kräftigeres Mehl und auch für Kleingebäck und Mischbrote geeignet.

Type 1050
Typisches Brotmehl mit kräftigem Geschmack für Graubrote, Mischbrote und reine Dinkelbrote.

Dinkelvollkorn
Auch hier wird das volle Korn ohne Keimling vermahlen. Als Beimischung zu Mischbroten und für reine Dinkelbrote geeignet.

Dinkelschrot
Das geschrotete Korn kann mit helleren Mehlen gut gemischt werden. Größere Mengen sollten eingeweicht werden (s. Quellstück Seite 182)

Müslibrötchen
Rezept auf Seite 100

Kaisersemmel
Rezept auf Seite 170

Sauerteigbrote
Sauerteigbrötchen

SCHUSTERJUNGEN

Eigentlich sind die Schusterjungen durch eine Schusseligkeit von mir entstanden. Ich hatte zu viel Sauerteig angesetzt. Kurzerhand machte ich Brötchen daraus. Hier nun das Ergebnis. Viel Spaß beim Nachbacken.
Mein Tipp: Am späten Nachmittag vor dem Backtag den Sauerteig ansetzen. Dann kann man am nächsten Morgen den Hauptteig herstellen, die Brötchen formen und nach der Gehzeit backen.

FÜR DEN SAUERTEIG
330 g Roggenmehl 1150
264 g Wasser
33 g Roggenanstellgut, siehe
   Seite 10/11)

FÜR DEN HAUPTTEIG
Sauerteig
344 g Roggenmehl 1150
204 g Wasser
14 g Salz
10 g Frischhefe
7,5 g Roggenmalz
1 TL flüssiges Backmalz
   (Internethandel)

ergibt 12 Stück

1 Für den Sauerteig alles gut verrühren und mit Frischhaltefolie abgedeckt 16 Stunden bei Raumtemperatur gehen lassen.

2 Für den Hauptteig den Sauerteig mit allen anderen Zutaten in der Küchenmaschine 7 Minuten kneten und den Teig dann 30 Minuten ruhen lassen.

3 Danach 12 Teiglinge von ca. 100 g abwiegen und rund formen. Die Brötchen auf ein Backblech legen, mit der Abdeckfolie oder gut bemehltes Geschirrtuch abdecken und bei Raumtemperatur 75 Minuten gehen lassen. Den Backofen auf 240 °C Ober- und Unterhitze vorheizen.

4 Die Brötchen mit etwas Mehl bestäuben. In den Backofen schieben und mit einer Blumenspritze heißes Wasser an die Ofenwände spritzen. Nach etwa 10 Minuten die Ofentür kurz öffnen, um den restlichen Dampf abziehen zu lassen. Die Brötchen insgesamt 20 Minuten backen. Sie sind gar, wenn man auf die Unterseite klopft und es schön hohl klingt. Die Brötchen auf einem Rost abkühlen lassen.

PADERBORNER LANDBROT

Hier finden Sie das allseits sehr beliebte Rezept des Paderborner Landbrotes. Es ist ein Roggenmischbrot und recht einfach nach zu backen.

FÜR DEN SAUERTEIG
250 g Roggenmehl 1150
250 g Wasser
25 g Roggenanstellgut, siehe Seite 10/11

FÜR DEN HAUPTTEIG
500 g Sauerteig
245 g Roggenmehl 1150
120 g Weizenmehl 1050
255 g Wasser
15 g Salz
10 g Hefe

ergibt 1 Brot von ca 1 kg

1. Für den Sauerteig alles klümpchenfrei vermischen und dann, abgedeckt, 16 Stunden bei Raumtemperatur (besser wären 26 °C) reifen lassen. 30 g davon zum Anstellgut wieder zurückgeben.

2. Alle Zutaten des Hauptteigs zusammen in der Küchenmaschine 5 Minuten kneten (mit der Hand sollte der Vorgang mindestens 15 Minuten dauern) und den Teig, abgedeckt, 20 Minuten bei Raumtemperatur ruhen lassen.

3. Eine Kastenform (23 x 11 x 9,5 cm) gut mit Butter einfetten.

4. Den Teig erneut weitere 5 Minuten kneten, ein Oval formen, in die Kastenform legen und die Oberfläche mit einer Gabel mehrfach einstechen. Abgedeckt bei Raumtemperatur etwa 1½ Stunden gehen lassen, bis der Teig den Rand der Form erreicht hat.

5. Den Backofen rechtzeitig auf 250 °C vorheizen.

6. Die Form auf einem Rost auf die 2. Schiene von unten in den Backofen stellen und mit einer Blumenspritze heißes Wasser an die Ofenwände spritzen. Nach etwa 10 Minuten die Backofentür öffnen, um den restlichen Dampf abziehen zu lassen. Das Brot zunächst 15 Minuten anbacken, bis die gewünschte Bräune erreicht ist. Dann die Temperatur auf 180 °C reduzieren und das Brot fertig backen (1 Stunde). Das Brot aus der Form nehmen und für eine rösche Kruste erneut für 10 Minuten in den Backofen stellen, aber bei 180 °C Umluft und geöffneter Ofentür.

7. Das fertige Brot auf einem Küchenrost auskühlen lassen.

BAUERNBROT

Rustikale Brote haben etwas ganz Ursprüngliches! Bei diesem Rezept verbessert der zusätzliche Vorteig die Teigeigenschaften, die Schnittfähigkeit der Krume, das Gebäckaroma und die Frischhaltung. Es ist sehr leicht nachzubacken, und das Schöne daran ist, dass jedes Brot anders reißt.

FÜR DEN SAUERTEIG
260 g Roggenmehl 1150
260 g Wasser
26 g Roggenanstellgut, siehe Seite 10/11

FÜR DEN VORTEIG
135 g Weizenmehl 1050
135 g Wasser
1 g Frischhefe

FÜR DEN HAUPTTEIG
Sauerteig
Vorteig
270 g Roggenmehl 1150
70 g Wasser
13 g Salz
10 g Frischhefe

ergibt 1 Brot von ca. 1 kg

1. Alle Zutaten für den Sauerteig in einer großen Schüssel klümpchenfrei verrühren und 16 Stunden bei Raumtemperatur (besser 26 °C), abgedeckt mit einer Plastikhaube, reifen lassen.

2. Auch die Zutaten für den Vorteig klümpchenfrei verrühren und ihn, abgedeckt mit einer Plastikhaube, 2 Stunden gehen lassen (der Teig schlägt kleine Bläschen) und dann für 14 Stunden in den Kühlschrank (5 °C) stellen.

3. Alle Zutaten für den Hauptteig 7 Minuten in der Küchenmaschine zu einer homogenen Masse kneten (mit der Hand sollten es mindestens 10 Minuten sein). Den Teig 30 Minuten, abgedeckt mit einem leicht feuchten Tuch, bei Raumtemperatur gehen lassen.

4. Danach den Teigling rund formen und mit dem Schluss (die untere Seite des Teiglings) nach unten in den gut bemehlten Gärkorb geben und 1 Stunde bei 32 °C im Backofen zur Gare stellen. Diese Temperatur wird durch das Anstellen der Backofenlampe erreicht. Bei Raumtemperatur dauert die Gare etwa 1½ bis 2 Stunden.

5. Den Backofen rechtzeitig auf 250 °C vorheizen.

6. Ein Backblech mit Backpapier belegen. Den Teigling darauf stürzen und entweder so lassen oder mit einem in kaltes Wasser getauchten Bräunwisch (Bäckerpinsel) abstreichen, um eine schöne glänzende Kruste zu erzielen. Auf die 2. Schiene von unten in den Backofen schieben, mit einer Blumenspritze heißes Wasser an die Ofenwände spritzen. Nach etwa 10 Minuten

die Backofentür öffnen, um den restlichen Dampf abziehen zu lassen. Das Brot zunächst 15 Minuten anbacken, bis die gewünschte Bräune erreicht ist. Dann die Temperatur auf 180 °C reduzieren und das Brot in weiteren 45 Minuten fertig backen.

7 Zur Kontrolle, ob das Brot fertig gebacken ist, klopft man auf die Unterseite. Es sollte schön hohl klingen. Man kann auch mit einem Thermometer die Kerntemperatur messen. Sie sollte mindestens 93 °C betragen.

8 Das fertige Brot auf einem Küchenrost auskühlen lassen.

HUNSRÜCKER HÜTTENBROT

Als Mitbringsel zu einem meiner Backkurse bekam ich von den Teilnehmern Mechthild und Andreas frisch am Vorabend gemahlenes Hüttenmehl aus dem Hunsrück. Daraus musste ich unbedingt ein Brot backen. Das Ergebnis war ein überraschend lockeres und kerniges Brot mit röscher Kruste und einer sehr schönen Krume.

FÜR DEN SAUERTEIG
210 g Hüttenmehl (60 % Roggenvollkornmehl und 40 % Brotmehl, das aus 70 % Roggenmehl 997 und 30 % Weizenmehl 1050 besteht)
210 g Wasser
21 g Roggenanstellgut, siehe Seite 10/11

FÜR DEN VORTEIG
150 g Weizenmehl 1050
150 g Wasser
1 g Hefe

FÜR DEN HAUPTTEIG
Sauerteig
Vorteig
275 g Hüttenmehl
10 g Salz
60 g Wasser
8 g Hefe
1 TL flüssiges Backmalz
6 g Färbemalz

ergibt 1 Brot von ca. 1 kg

1. Alle Zutaten für den Sauerteig in einer großen Schüssel klümpchenfrei verrühren und bei Zimmertemperatur (besser wären 26 °C) 16 Stunden mit einer Klarsichtfolie abgedeckt reifen lassen.

2. Auch die Zutaten für den Vorteig in einer Schüssel klümpchenfrei verrühren und mit Klarsichtfolie abgedeckt 2 Stunden bei Raumtemperatur aufgehen lassen. Dann für 14 Stunden in den Kühlschrank (5 °C) stellen.

3. Alle Zutaten für den Hauptteig zusammen 7 Minuten in der Küchenmaschine kneten. Den Teig 30 Minuten bei Raumtemperatur und mit einer Klarsichtfolie abgedeckt ruhen lassen.

4. Den Teigling rund formen und mit der unteren Seite in den gut bemehlten Gärkorb geben. Mit Klarsichtfolie abdecken und 1 Stunde bei 32 °C im Backofen zur Gare stellen. Die Gare dauert etwa 1 Stunde bei 30 bis 32 °C. Man erreicht diese Temperatur durch Anstellen der Ofenlampe im Backofen.

5. Den Backofen rechtzeitig auf 250 °C vorheizen.

6. Ein Backblech mit Backpapier belegen. Den Teigling vorsichtig darauf stürzen und auf die 2. Schiene von unten in den Backofen schieben, mit einer Blumenspritze heißes Wasser an die Ofenwände spritzen. Nach etwa 10 Minuten die Backofentür öffnen, um den restlichen Dampf abziehen zu lassen. Das Brot 15 Minuten anbacken, bis die gewünschte Bräune erreicht ist. Dann die Temperatur auf 180 °C reduzieren und das Brot in weiteren 40 Minuten fertig backen.

7 Zur Kontrolle, ob das Brot fertig gebacken ist, klopft man auf die Unterseite. Es sollte schön hohl klingen. Man kann auch mit einem Thermometer die Kerntemperatur messen. Sie sollte mindestens 93 °C betragen.

8 Das fertige Brot auf einem Küchenrost auskühlen lassen.

BAUERNKRUSTE

Die wunderschönen Brote der Hofpfisterei haben mich schon immer zum Nachbacken gereizt. Doch musste ich feststellen, dass die Arbeitsgänge sowie die Sauerteigführung in meinem privaten Bereich gar nicht durchführbar waren. Trotzdem hatte ich Erfolg, denn das Ergebnis meiner Versuche ist die »Bauernkruste« geworden. Die gemahlenen Sonnenblumenkerne machen die Krume schön locker.

FÜR DEN SAUERTEIG
290 g Roggenmehl 1150
290 g Wasser
30 g Roggenanstellgut, siehe Seite 10/11

FÜR DAS QUELLSTÜCK
100 g Sonnenblumenkerne
100 g Wasser

FÜR DEN HAUPTTEIG
Sauerteig
165 g Roggenmehl 1150
135 g Roggenvollkornmehl
70 g Weizenmehl, 1050
100 g Wasser
13 g Salz
10 g Frischhefe

ergibt 1 Brot von ca. 1 kg

1. Alle Zutaten für den Sauerteig klümpchenfrei vermengen und bei Raumtemperatur (besser wären 26 °C), mit Klarsichtfolie abgedeckt, 16 bis 18 Stunden reifen lassen.

2. Die Sonnenblumenkerne für das Quellstück in einer Pfanne ohne Fett anrösten, dann in der Moulinette zerkleinern. Mit dem Wasser verrühren und die Masse mindestens 2 Stunden stehen lassen.

3. Die Zutaten für den Hauptteig 7 Minuten in der Küchenmaschine kneten (mit der Hand sollten es mindestens 10 Minuten sein). Den Teig mit Klarsichtfolie abgedeckt 30 Minuten bei Raumtemperatur gehen lassen. Danach rund formen und in den gut bemehlten Gärkorb legen und mit Klarsichtfolie abdecken. Die Gare dauert etwa 1 Stunde bei 30 bis 32 °C. Man erreicht diese Temperatur durch das Anstellen der Ofenlampe im Backofen.

4. Den Backofen rechtzeitig auf 250 °C vorheizen.

5. Ein Backblech mit Backpapier belegen. Den Teigling vorsichtig darauf stürzen, rautenförmig einschneiden, in den Ofen schieben, mit einer Blumenspritze heißes Wasser an die Ofenwände spritzen. Nach etwa 10 Minuten die Backofentür öffnen, um den restlichen Dampf abziehen zu lassen. Das Brot 15 Minuten anbacken, bis die gewünschte Bräune erreicht ist. Dann die Temperatur auf 180 °C reduzieren und das Brot in weiteren 40 Minuten fertig backen.

6. Zur Kontrolle, ob das Brot fertig gebacken ist, klopft man auf die Unterseite. Es sollte schön hohl klingen. Man kann auch mit einem Thermometer die Kerntemperatur messen. Sie sollte mindestens 93 °C betragen.

7. Das fertige Brot auf einem Küchenrost auskühlen lassen.

JOGHURTBROT MIT WALNÜSSEN

Mit Joghurt als Teigzugabe kann man hervorragend schmeckende Brote herstellen. Dieser Sauerteig hat eine etwas festere Konsistenz und gibt dem Brot einen kräftigeren Geschmack. Je nach Geschmack kann man auch andere Nüsse, Sonnenblumenkerne, Oliven oder auch Tomatenstücke hinzufügen. Ich habe Walnüsse gewählt.

FÜR DEN SAUERTEIG
190 g Roggenmehl 1150
150 g Wasser
19 g Roggenanstellgut, siehe Seite 10/11

FÜR DEN VORTEIG
100 g Weizenmehl 1050
100 g Wasser
1 g Frischhefe
1 g Salz

FÜR DEN HAUPTTEIG
Sauerteig
Vorteig
100 g Weizenmehl 1050
280 g Roggenmehl 1150
160 g Wasser
100 g Joghurt (3,5 % Fett)
14 g Salz
10 g Frischhefe
50 g grob gehackte Walnüsse

ergibt 1 Brot von ca. 1 kg

1. Alle Zutaten für den Sauerteig in einer großen Schüssel klümpchenfrei verrühren, mit Klarsichtfolie abdecken und bei Zimmertemperatur (besser wären 26 °C) 16 Stunden reifen lassen.

2. Auch die Zutaten für den Vorteig in einer Schüssel klümpchenfrei verrühren, mit Klarsichtfolie abdecken und 2 Stunden bei Raumtemperatur gehen lassen. Die Masse für 14 Stunden in den Kühlschrank (5 °C) stellen.

3. Alle Zutaten für den Hauptteig 7 Minuten in der Küchenmaschine kneten. Diesen Teig, abgedeckt mit Klarsichtfolie, bei Raumtemperatur 30 Minuten gehen lassen.

4. Den Teig rund formen, in den gut bemehlten Gärkorb legen und mit Klarsichtfolie abdecken. Die Gare dauert etwa 1 Stunde bei 30 bis 32 °C. Man erreicht diese Temperatur durch Anstellen der Ofenlampe im Backofen.

5. Den Backofen rechtzeitig auf 250 °C vorheizen.

6. Ein Backblech mit Backpapier belegen. Den Teigling vorsichtig darauf stürzen, einschneiden, auf die 2. Schiene von unten in den Backofen schieben, mit einer Blumenspritze heißes Wasser an die Ofenwände spritzen. Nach etwa 10 Minuten die Backofentür öffnen, um den restlichen Dampf abziehen zu lassen. Das Brot 15 Minuten anbacken, bis die gewünschte Bräune erreicht ist. Dann die Temperatur auf 180 °C reduzieren und das Brot in weiteren 40 Minuten fertig backen.

7. Zur Kontrolle, ob das Brot fertig gebacken ist, klopft man auf die Unterseite. Es sollte schön hohl klingen. Man kann auch mit einem Thermometer die Kerntemperatur messen. Sie sollte mindestens 93 °C betragen.

8. Das fertige Brot auf einem Küchenrost auskühlen lassen.

Sauerteigbrote und -brötchen mit hohem Roggenanteil

DOMBROT

Angeregt durch eine Fernsehsendung über das Brotbacken besorgte ich mir einen Brotstempel mit dem Zeichen IHS und einem Kreuz darüber. Es war üblich, mit diesem Stempel Gott für das Brot als wichtigstem Grundnahrungsmittel zu danken. Seit Bernhardin von Siena (1380–1444) ist das Monogramm »IHS« üblich. Es sind die griechischen Buchstaben für den Namen Jesus, I (Iota), H (Eta) und S (Sigma). Lateinisch interpretiert als »Iesus hominum salvator« (Jesus, Erlöser der Menschen). Eine volksnahe Auslegung für »IHS« lautete im Mittelalter »Jesus, Heiland, Seligmacher«.

FÜR DEN SAUERTEIG
260 g Roggenmehl 1370
208 g Wasser
26 g Roggenanstellgut, siehe Seite 10/11

FÜR DEN HAUPTTEIG
Sauerteig
240 g Roggenmehl 1370
170 g Weizenmehl 1050
245 g Wasser
14 g Salz
10 g Frischhefe

ergibt 1 Brot von ca. 1 kg

1. Die Zutaten für den Sauerteig in einer großen Schüssel klümpchenfrei verrühren und bei Zimmertemperatur (besser wäre 26 °C) 16 Stunden mit einer Klarsichtfolie zugedeckt reifen lassen.

2. Alle Zutaten für den Hauptteig zusammen 7 Minuten in der Küchenmaschine kneten (mit der Hand sollte die Knetzeit mindestens 10 Minuten betragen). Den Teig dann 30 Minuten, abgedeckt mit Klarsichtfolie, bei Raumtemperatur gehen lassen.

3. Den Teig rund formen, in den gut bemehlten Gärkorb legen und mit Klarsichtfolie abdecken. Die Gare dauert etwa 1 Stunde bei 30 bis 32 °C. Man erreicht diese Temperatur durch Anstellen der Ofenlampe im Backofen.

4. Den Backofen rechtzeitig auf 250 °C vorheizen.

5. Ein Backblech mit Backpapier auslegen. Den Teigling vorsichtig darauf stürzen, die Oberfläche mit dem gut geölten Brotstempel stempeln und auf die 2. Schiene von unten in den Backofen schieben. Mit einer Blumenspritze heißes Wasser an die Ofenwände spritzen. Nach etwa 10 Minuten die Backofentür öffnen, um den restlichen Dampf abziehen zu lassen. Das Brot 15 Minuten anbacken, bis die gewünschte Bräune erreicht ist. Dann die Temperatur auf 180 °C reduzieren und das Brot in weiteren 40 Minuten fertig backen.

6. Zur Kontrolle, ob das Brot fertig gebacken ist, klopft man auf die Unterseite. Es sollte schön hohl klingen. Man kann auch mit einem Thermometer die Kerntemperatur messen. Sie sollte mindestens 93 °C betragen.

7. Das fertige Brot auf einem Küchenrost auskühlen lassen.

VOLLKORNBROT

Eine Diskussion über Vollkornmehl vs. Typenmehl hat mich veranlasst, dieses alte Rezept noch einmal auszuprobieren. Für einige Brote verwende ich Vollkornmehl, um einen intensiveren Geschmack zu bekommen. Bin aber kein extremer Vollkornfreak. Ich mag die große Vielfalt der Brotsorten, die eben nur mit Typenmehlen erreicht werden kann.

FÜR DEN SAUERTEIG
220 g Roggenvollkornmehl
220 g Wasser
22 g Roggenanstellgut, siehe Seite 10/11

FÜR DAS BRÜHSTÜCK
150 g kochendes Wasser
50 g Sonnenblumenkerne
50 g Roggenflocken
50 g Roggenschrot

FÜR DAS QUELLSTÜCK
210 g Roggenvollkornmehl
105 g Weizenvollkornmehl
155 g Wasser

FÜR DEN HAUPTTEIG
440 g Sauerteig
Brühstück
Quellstück
15 g Salz
10 g Frischhefe
1 TL Zuckerrübensirup

ZUM WÄLZEN
Roggenflocken

ergibt 1 Brot von ca. 1 kg

1. Alle Zutaten für den Sauerteig in einer großen Schüssel klümpchenfrei verrühren und bei Zimmertemperatur (besser wären 26 °C) 16 Stunden mit einer Klarsichtfolie zugedeckt reifen lassen.

2. Das kochende Wasser für das Brühstück über die Zutaten gießen und mindestens 2 Stunden quellen lassen.

3. Für das Quellstück das Mehl mit dem Wasser vermischen und ebenfalls 2 Stunden quellen lassen.

4. Alle Zutaten für den Hauptteig miteinander vermengen und 7 Minuten in der Küchenmaschine kneten (mit der Hand sollte die Knetzeit mindestens 10 Minuten betragen). Den Teig mit Klarsichtfolie abdecken und 30 Minuten bei Raumtemperatur ruhen lassen. Danach rund formen, in Roggenflocken wälzen und in den gut bemehlten Gärkorb legen, mit Klarsichtfolie abdecken. Die Gare dauert etwa 1 bis 1½ Stunden bei 30 bis 32 °C. Man erreicht diese Temperatur durch Anstellen der Ofenlampe im Backofen.

5. Den Backofen rechtzeitig auf 250 °C vorheizen.

6. Ein Backblech mit Backpapier belegen. Den Teigling vorsichtig darauf stürzen und auf die 2. Schiene von unten in den Backofen schieben, mit einer Blumenspritze heißes Wasser an die Ofenwände spritzen. Nach etwa 10 Minuten die Backofentür öffnen, um den restlichen Dampf abziehen zu lassen. Das Brot 15 Minuten anbacken, bis die gewünschte Bräune erreicht ist. Dann die Temperatur auf 180 °C reduzieren und das Brot in weiteren 45 Minuten fertig backen.

7 Zur Kontrolle, ob das Brot fertig gebacken ist, klopft man auf die Unterseite. Es sollte schön hohl klingen. Man kann auch mit einem Thermometer die Kerntemperatur messen. Sie sollte mindestens 93 °C betragen.

8 Das fertige Brot auf einem Küchenrost auskühlen lassen.

ROGGENBROT MIT SCHWARZEM PFEFFER

Hier ein Rezept aus 100 Prozent Roggenmehl 1150. Als Kick gebe ich 5 g geschroteten Pfeffer zum Teig. Die Zugabe von Roggenmalz färbt die Krume und gibt einen leichten Malzgeschmack. Den finden wir hervorragend, obwohl man mich gewarnt hat, dass flüssiges Backmalz häufig enzymaktiv wirkt und die Stärke im Teig abbaut, was wiederum zum »Nachlassen« des Teiges führt. Nach Überprüfung war mein flüssiges Backmalz enzyminaktiv.

FÜR DEN SAUERTEIG
330 g Roggenmehl 1150
264 g Wasser
33 g Roggenanstellgut, siehe Seite 10/11

FÜR DEN HAUPTTEIG
Sauerteig
344 g Roggenmehl 1150
182 g Wasser
14 g Salz
5 g geschroteter schwarzer Pfeffer
10 g Frischhefe
7,5 g Roggenmalz
1 TL flüssiges Backmalz (kann auch weggelassen werden)

ergibt 1 Brot von ca. 1 kg

1. Alle Zutaten für den Sauerteig in einer großen Schüssel klümpchenfrei verrühren und bei Zimmertemperatur (besser wären 26 °C), abgedeckt mit Klarsichtfolie, 16 Stunden reifen lassen.

2. Alle Zutaten für den Hauptteig 7 Minuten in der Küchenmaschine kneten (mit der Hand sollte die Knetzeit mindestens 10 Minuten betragen) und den Teig, abgedeckt mit Klarsichtfolie, 30 Minuten bei Raumtemperatur ruhen lassen. Danach rund formen, in den gut bemehlten Gärkorb legen und mit Klarsichtfolie abdecken.

3. Die Gare dauert etwa 1 bis 1½ Stunden bei 30 bis 32 °C. Man erreicht diese Temperatur durch Anstellen der Ofenlampe im Backofen.

4. Den Backofen rechtzeitig auf 250 °C vorheizen.

5. Ein Backblech mit Backpapier belegen. Den Teigling vorsichtig darauf stürzen, einschneiden, auf die 2. Schiene von unten in den Backofen schieben, mit einer Blumenspritze heißes Wasser an die Ofenwände spritzen. Nach etwa 10 Minuten die Backofentür öffnen, um den restlichen Dampf abziehen zu lassen. Das Brot 15 Minuten anbacken, bis die gewünschte Bräune erreicht ist. Dann die Temperatur auf 180 °C reduzieren und das Brot in weiteren 40 Minuten fertig backen.

6. Zur Kontrolle, ob das Brot fertig gebacken ist, klopft man auf die Unterseite. Es sollte schön hohl klingen. Man kann auch mit einem Thermometer die Kerntemperatur messen. Sie sollte mindestens 93 °C betragen.

7. Das fertige Brot auf einem Küchenrost auskühlen lassen.

KRÄFTIGES ROGGENSCHROTBROT

Dieses Brot besteht aus reinem Roggen. Es passt sehr gut in die herbstlich-winterliche Zeit. Nicht nur für Roggenbrotfreunde ein tolles, herzhaftes Brot zu Schinken und Käse.

FÜR DEN SAUERTEIG
112 g Roggenmehl 1150
112 g Roggenvollkornmehl
225 g Wasser
23 g Roggenanstellgut, siehe Seite 10/11

FÜR DAS QUELLSTÜCK
175 g Roggenschrot mittel oder grob
175 g Wasser
14 g Salz

FÜR DAS KOCHSTÜCK
70 g Roggenkörner
100 g Wasser

FÜR DEN HAUPTTEIG
Sauerteig
Quellstück
Kochstück
110 g Roggenmehl 1150
110 g Roggenvollkornmehl
50 g Wasser
11 g Frischhefe
8 g Färbemalz
1 TL flüssiges Backmalz (kann auch weggelassen werden)

ZUM WÄLZEN
Roggenschrot

ergibt 1 Brot von ca. 1 kg

1 Alle Zutaten für den Sauerteig in einer großen Schüssel klümpchenfrei verrühren und bei Zimmertemperatur (besser wären 26 °C), mit Klarsichtfolie abgedeckt, 16 Stunden reifen lassen.

2 Für das Quellstück den Schrot mit Wasser und Salz mischen und, abgedeckt mit Klarsichtfolie, bei Raumtemperatur 16 Stunden quellen lassen.

3 Die Roggenkörner für das Kochstück mit dem Wasser zum Kochen bringen und so lange kochen, bis keine Flüssigkeit mehr im Topf ist.

4 Alle Zutaten für den Hauptteig zusammen 7 Minuten in der Küchenmaschine kneten. Den Teig, abgedeckt mit Klarsichtfolie, bei Raumtemperatur 30 Minuten ruhen lassen. Danach rund formen, in reichlich Roggenschrot wälzen und in den gut bemehlten Gärkorb legen. Mit Klarsichtfolie abdecken. Die Gare dauert etwa 1 Stunde bei 30 bis 32 °C. Man erreicht diese Temperatur durch Anstellen der Ofenlampe im Backofen.

5 Den Backofen rechtzeitig auf 250 °C vorheizen.

6 Ein Backblech mit Backpapier belegen. Den Teigling vorsichtig darauf stürzen, kreuzweise einschneiden, auf die 2. Schiene von unten in den Backofen schieben, mit einer Blumenspritze heißes Wasser an die Ofenwände spritzen. Nach etwa 10 Minuten die Backofentür öffnen, um den restlichen Dampf abziehen zu lassen. Das Brot 15 Minuten anbacken, bis die gewünschte Bräune erreicht ist. Dann die Temperatur auf 180 °C reduzieren und das Brot in weiteren 40 Minuten fertig backen.

7 Zur Kontrolle, ob das Brot fertig gebacken ist, klopft man auf die Unterseite. Es sollte schön hohl klingen. Man kann auch mit einem Thermometer die Kerntemperatur messen. Sie sollte mindestens 93 °C betragen.

8 Das fertige Brot auf einem Küchenrost auskühlen lassen.

SCHWARZBIER-ROGGENBROT

Durch meinen Backfreund Eibauer habe ich dieses perfekte Schwarzbierroggenbrotrezept bekommen. Es ist für mich das Beste, das man mit Schwarzbier backen kann. Es ist ein kompaktes, kräftig schmeckendes Roggenbrot und eine delikate Unterlage für Schinken, kräftigen Käse oder auch Pflaumenmus.

FÜR DEN SAUERTEIG
230 g Roggenmehl 1150
230 g Wasser
23 g Roggenanstellgut, siehe Seite 10/11

FÜR DEN HAUPTTEIG
Sauerteig
240 g Roggenvollkornmehl
220 g Roggenmehl 1150
12 g Salz
ca. 240 g Schwarzbier
10 g Frischhefe nach Belieben

ergibt 1 Brot von ca. 1 kg

1. Alle Zutaten für den Sauerteig in einer großen Schüssel klümpchenfrei verrühren und bei Raumtemperatur (besser wären 26 °C), abgedeckt mit Klarsichtfolie, 15 bis 18 Stunden reifen lassen.

2. Alle Zutaten für den Hauptteig zusammen 7 Minuten in der Küchenmaschine kneten (mit der Hand sollte die Knetzeit mindestens 10 Minuten betragen). Den Teig, abgedeckt mit Klarsichtfolie, 1 bis 2 Stunden bei Raumtemperatur ruhen lassen. Danach rund formen und in den gut bemehlten Gärkorb legen, mit Klarsichtfolie abdecken. Die Gare nur mit Sauerteig dauert etwa 2 bis 3 Stunden bei 30 bis 32 °C. Mit Hefe etwa 1 Stunde. Man erreicht diese Temperatur durch Anstellen der Ofenlampe im Backofen.

3. Den Backofen rechtzeitig auf 250 °C vorheizen.

4. Ein Backblech mit Backpapier belegen. Den Teigling vorsichtig darauf stürzen, einschneiden, auf die 2. Schiene von unten in den Backofen schieben, mit einer Blumenspritze heißes Wasser an die Ofenwände spritzen. Nach etwa 10 Minuten die Backofentür öffnen, um den restlichen Dampf abziehen zu lassen. Das Brot 15 Minuten anbacken, bis die gewünschte Bräune erreicht ist. Dann die Temperatur auf 180 °C reduzieren und das Brot in weiteren 40 Minuten fertig backen.

5. Zur Kontrolle, ob das Brot fertig gebacken ist, klopft man auf die Unterseite. Es sollte schön hohl klingen. Man kann auch mit einem Thermometer die Kerntemperatur messen. Sie sollte mindestens 93 °C betragen.

6. Das fertige Brot auf einem Küchenrost auskühlen lassen.

GERSTERBROT

Das Gersterbrot ist eine Brotspezialität aus Norddeutschland. Der Teig wird beim Gerstern mit einer offenen Flamme abgeflämmt. Dieser Vorgang sorgt für einen ganz besonderen Geschmack und ein überaus knuspriges Brot. Einige Bäcker haben einen eigens für dieses Brot entwickelten Gersterofen, in dem die Teiglinge auf einem Laufband durch die Flammen transportiert werden. Hobbybäcker können für das Abflämmen einen Lötbrenner oder einen Crème-Brûlée-Brenner verwenden. Aber Achtung: Bitte beim Nachbacken keinen Küchenbrand verursachen.

FÜR DEN SAUERTEIG
265 g Roggenmehl 997 oder 1150
265 g Wasser
27 g Roggenanstellgut, siehe Seite 10/11

FÜR DEN HAUPTTEIG
Sauerteig
275 g Roggenmehl 997 oder 1150
140 g Weizenmehl 1050
180 g Wasser
14 g Salz
10 g Hefe

ergibt 1 Brot von ca. 1 kg

1. Alle Zutaten für den Sauerteig klümpchenfrei vermischen und 15 bis 18 Stunden bei Raumtemperatur (besser wären 26°) reifen lassen.

2. Alle Zutaten für den Hauptteig zusammen 7 Minuten in der Küchenmaschine kneten (mit der Hand sollte die Knetzeit mindestens 15 bis 20 Minuten betragen). Den Teig, abgedeckt mit Klarsichtfolie, 30 Minuten bei Raumtemperatur ruhen lassen.

3. Eine Kastenform (23 x 11 x 9,5 cm) gut mit Butter einfetten. Den Teig erneut kneten, mit Wasser bestreichen und gerstern: mit einem Lötbrenner so lange abflämmen, bis sich auf der Teigoberfläche kleine dunkle Sprenkel zeigen. Den Teig dann in die Kastenform setzen und abgedeckt etwa 70 Minuten gehen lassen, bis der Teig den Rand der Form erreicht hat.

4. Den Backofen rechtzeitig auf 260 °C vorheizen. Die Form auf einem Rost auf die 2. Schiene von unten des Backofens schieben, mit einer Blumenspritze heißes Wasser an die Ofenwände spritzen. Nach etwa 10 Minuten die Backofentür öffnen, um den restlichen Dampf abziehen zu lassen. Das Brot zunächst 15 Minuten anbacken. Dann die Temperatur auf 200 °C reduzieren und das Brot in weiteren 45 Minuten fertig backen. Das Brot aus der Form nehmen und erneut für 20 Minuten in den Backofen stellen, aber bei 180 °C und Umluft. Das Brot bekommt so eine sehr rösche Kruste.

5. Das fertige Brot auf einem Küchenrost auskühlen lassen.

VOLLKORNBROT MIT SONNENBLUMENKERNEN

Ein Brot, das lange frisch bleibt. Durch die zwei Quellstücke bekommt das Brot eine hervorragende Krume. Die gerösteten Sonnenblumenkerne geben dem Brot noch den richtigen geschmacklichen Pfiff.

FÜR DEN SAUERTEIG
160 g Roggenvollkornmehl
160 g Wasser
16 g Roggenanstellgut, siehe Seite 10/11

FÜR DAS 1. QUELLSTÜCK
100 g Sonnenblumenkerne
8 g Salz
100 g heißes Wasser

FÜR DAS 2. QUELLSTÜCK
232 g Roggenvollkornmehl
7 g Salz
232 g heißes Wasser

FÜR DEN HAUPTTEIG
Sauerteig
beide Quellstücke
166 g Weizenvollkornmehl
10 g Hefe
1 Tl flüssiges Backmalz

ZUSÄTZLICH
Sonnenblumenkerne

ergibt 1 Brot von ca. 1 kg

1 Alle Zutaten für den Sauerteig klümpchenfrei vermischen und 16 Stunden bei Raumtemperatur (besser wären 26 °C) reifen lassen.

2 Die Sonnenblumenkerne für das 1. Quellstück in einer Pfanne ohne Fett rösten, bis sie zu duften anfangen. Die Kerne mit Salz mischen, mit dem heißen Wasser übergießen und 16 Stunden quellen lassen.

3 Mehl und Salz für das 2. Quellstück mit dem heißen Wasser übergießen und auch 16 Stunden quellen lassen.

4 Alle Zutaten für den Hauptteig zusammen 7 Minuten in der Küchenmaschine kneten (mit der Hand sollte die Knetzeit mindestens 15 bis 20 Minuten betragen). Den Teig, abgedeckt mit Klarsichtfolie, 30 Minuten bei Raumtemperatur ruhen lassen.

5 Eine Kastenform (23 x 11 x 9,5 cm) gut mit Butter einfetten und mit Sonnenblumenkernen ausstreuen.

6 Den Teig erneut kneten, in die Kastenform setzen, glatt streichen, mit Sonnenblumenkernen bestreuen und abgedeckt bei 32 °C etwas 75 Minuten gehen lassen (bei Raumtemperatur dauert das länger), bis der Teig den Rand der Form erreicht hat.

7 Den Backofen rechtzeitig auf 250 °C vorheizen. Die Form auf einem Rost auf die 2. Schiene von unten schieben, mit einer Blumenspritze heißes Wasser an die Ofenwände spritzen.

Nach etwa 10 Minuten die Backofentür öffnen, um den restlichen Dampf abziehen zu lassen. Das Brot zunächst 15 Minuten anbacken.

8 Dann die Temperatur auf 180 °C reduzieren und das Brot in weiteren 45 Minuten fertig backen. Das Brot aus der Form nehmen und für eine rösche Kruste erneut für 20 Minuten in den Backofen stellen, aber bei 180 °C und Umluft. Das fertige Brot auf einem Küchenrost auskühlen lassen.

54 Westfälisches Schwarzbrot

WESTFÄLISCHES SCHWARZBROT

Nachdem ich eine Mühle gefunden habe, die alle Roggenvollkornschrote, sogar in Bioqualität liefert, musste ich unbedingt ein Schwarzbrot backen. Da ich in Westfalen wohne, fiel meine Wahl natürlich auf das westfälische Schwarzbrot. Interessant dabei sind die Brotpaste, die langen Knetzeiten und die lange Backzeit. Die Brotpaste ist nichts anderes als geröstetes altbackenes Brot, das fein gerieben und mit Wasser vermischt wird. Sie bringt erheblich mehr Geschmack.

FÜR DEN SAUERTEIG
180 g Bioroggenvollkornschrot
180 g Wasser
18 g Roggenanstellgut, siehe Seite 10/11

FÜR DAS QUELLSTÜCK
120 g Bioroggenvollkornschrot (gequetscht oder grob)
120 g heißes Wasser
10 g Salz

FÜR DIE BROTPASTE
36 g Altbrot
36 g Wasser

FÜR DEN HAUPTTEIG
Sauerteig
Quellstück
Brotpaste
120 g Bioroggenvollkornschrot (mittel)
120 g Bioroggenvollkornschrot (fein)
60 g Bioweizenvollkornmehl
130 g Wasser
15 g Zuckerrübensirup
7 g Hefe

ZUM WÄLZEN
Roggenvollkornschrot

ergibt 1 Brot von ca. 1 kg

1. Alle Zutaten für den Sauerteig klümpchenfrei vermischen und abgedeckt 16 Stunden bei Raumtemperatur (besser wären 26 °C) reifen lassen.

2. Alle Zutaten für das Quellstück gut verrühren und auch 16 Stunden stehen lassen. Das Salz gibt man bei, um die Enzymtätigkeit zu bremsen.

3. Das Brot für die Brotpaste rösten und fein reiben. Mit Wasser übergießen und 1 bis 2 Stunden stehen lassen.

4. Alle Zutaten für den Hauptteig zusammen in der Küchenmaschine 20 Minuten kneten und den Teig, abgedeckt, 20 Minuten bei Raumtemperatur ruhen lassen. Dann erneut weitere 20 Minuten kneten.

5. Eine Kastenform (23 x 11 x 9,5 cm) gut mit Butter einfetten.

6. Den Teig nochmals kneten, zu einem Oval formen, in Roggenvollkornschrot wälzen, in die Kastenform legen und gehen lassen, bis der Teig den Rand der Form erreicht hat. Den Backofen rechtzeitig auf 260 °C vorheizen.

7. Die Form auf einem Rost auf die 2. Schiene von unten in den Backofen stellen und mit einer Blumenspritze heißes Wasser an die Ofenwände spritzen. Nach etwa 10 Minuten die Backofentür öffnen, um den restlichen Dampf abziehen zu lassen. Das Brot zunächst 15 Minuten anbacken.

8. Dann die Temperatur auf 200 °C reduzieren und das Brot in weiteren 1¼ Stunden fertig backen. Das Brot aus der Form nehmen und für eine rösche Kruste erneut für 20 Minuten in den Backofen stellen, aber bei 180 °C und Umluft.

9. Das fertige Brot auf einem Küchenrost auskühlen lassen.

SAUERLÄNDER SCHWARZBROT

Zur Winterzeit passt ein saftiges, kerniges Schwarzbrot. Es wird mit einem Mohnheimer Salzsauer und mit Restbrot hergestellt. Zu den besonderen Merkmalen dieses Brots gehört, dass es lange gerührt wird, der Sauerteig bei unterschiedlichen Temperaturen reifen muss sowie die lange Knetzeit und die längere Teigruhe des Hauptteigs.

FÜR DEN SAUERTEIG (MOHNHEIMER SALZSAUER)
150 g Roggenschrot grob
120 g Wasser
30 g Roggenanstellgut, siehe Seite 10/11
3 g Salz

BRÜHSTÜCK
150 g Roggenschrot grob (s. Sauerteig)
120 g kochendes Wasser
5 g Salz

FÜR DAS QUELLSTÜCK
100 g Sonnenblumenkerne
50 g Leinsaat
50 g altbackenes, trockenes Brot
200 g Wasser
6 g Salz

1. Alle Zutaten für den Sauerteig zusammen 20 Minuten in der Küchenmaschine gründlich rühren und zunächst einige Stunden bei 30 bis 35 °C, dann bei etwa 20 °C reifen lassen. Der Prozess dauert insgesamt 16 bis 20 Stunden.

2. Schrot und Salz für das Brühstück mit dem kochenden Wasser übergießen und 16 Stunden stehen lassen.

3. Die Sonnenblumenkerne für das Quellstück in einer Pfanne ohne Fett rösten, bis sie zu duften beginnen. Dann alles mit dem Wasser übergießen und ebenfalls 16 Stunden quellen lassen.

4. Alle Zutaten für den Hauptteig zusammen in der Küchenmaschine 30 Minuten kneten und den Teig, abgedeckt, 45 Minuten bei Raumtemperatur ruhen lassen.

5. Eine Kastenform (23 x 11 x 9,5 cm) gut mit Butter einfetten.

6. Den Teig erneut weitere 5 Minuten kneten, ein Oval formen und in die Kastenform legen. Die Oberfläche mit Wasser bestreichen und mit Roggenflocken bestreuen. Abgedeckt mindestens 1 Stunde gehen lassen, bis der Teig den Rand der Form erreicht hat. Den Backofen rechtzeitig auf 240 °C vorheizen.

FÜR DEN HAUPTTEIG
Sauerteig
Brühstück
Quellstück
200 g Roggenmehl 1150
25 g Rübensirup
5 g Hefe
80 g Wasser

ZUM BESTREUEN
Roggen- oder Haferflocken

ergibt 1 Brot von ca. 1 kg

7. Die Form auf einem Rost auf die 2. Schiene von unten in den Backofen stellen und mit einer Blumenspritze heißes Wasser an die Ofenwände spritzen. Nach etwa 10 Minuten die Backofentür öffnen, um den restlichen Dampf abziehen zu lassen. Das Brot zunächst 20 Minuten anbacken. Dann die Temperatur auf 200 °C reduzieren und das Brot in weiteren 50 Minuten fertig backen. Das Brot aus der Form nehmen und für eine rösche Kruste erneut für 20 Minuten in den Backofen stellen, aber bei 180 °C und Umluft.

8. Das fertige Brot auf einem Küchenrost auskühlen lassen.

KOSAKENBROT

Zu einer richtigen Brotzeit gehört ein kerniges Brot. Hier ist ein Rezept von mir, das aus reinem Roggen besteht.

FÜR DEN SAUERTEIG
112 g Roggenmehl 1150
112 g Roggenvollkornmehl
225 g Wasser
23 g Roggenanstellgut, siehe Seite 10/11

FÜR DAS QUELLSTÜCK
175 g Roggenschrot mittel oder grob
175 g Wasser

FÜR DAS KOCHSTÜCK
65 g Roggenkörner
100 g Wasser

FÜR DEN HAUPTTEIG
Sauerteig
Quellstück
Kochstück
110 g Roggenmehl 1150
110 g Roggenvollkornmehl
54 g Wasser
14 g Salz
12 g Hefe
8 g Färbemalz
1 TL flüssiges Backmalz

ZUM WÄLZEN
Roggenschrot

ergibt 1 Brot von ca. 1 kg

1 Alle Zutaten für den Sauerteig klümpchenfrei vermischen und dann, abgedeckt, 15 bis 18 Stunden bei Raumtemperatur (besser wären 26 °C) reifen lassen.

2 Für das Quellstück das Schrot mit dem Wasser übergießen und ebenfalls 15 bis 18 Stunden ruhen lassen.

3 Die Roggenkörner für das Kochstück mit dem Wasser zum Kochen bringen und so lange kochen, bis keine Flüssigkeit mehr im Topf ist.

4 Alle Zutaten für den Hauptteig in der Küchenmaschine 7 Minuten kneten (mit der Hand 20 Minuten) und dann den Teig 30 Minuten bei Raumtemperatur ruhen lassen.

5 Eine Kastenform (23 x 11 x 9,5 cm) gut mit Butter einfetten.

6 Den Teig erneut weitere 5 Minuten kneten, ein Oval formen, die Oberfläche mit Wasser bestreichen und in Roggenschrot wälzen. Dann in die Kastenform legen und abgedeckt bei Raumtemperatur etwa 1 Stunde gehen lassen, bis der Teig den Rand der Form erreicht hat.

7 Den Backofen rechtzeitig auf 250 °C vorheizen.

8 Die Form auf einem Rost auf die 2. Schiene von unten in den Backofen stellen und mit einer Blumenspritze heißes Wasser an die Ofenwände spritzen. Nach etwa 10 Minuten die Backofentür öffnen, um den restlichen Dampf abziehen zu lassen. Das Brot zunächst 15 Minuten anbacken. Dann die Temperatur auf 180 °C reduzieren und das Brot in weiteren 45 Minuten fertig backen. Das Brot aus der Form nehmen und für eine rösche Kruste erneut für 10 Minuten in den Backofen stellen, aber bei 200 °C und geöffneter Ofentür.

9 Das fertige Brot auf einem Küchenrost auskühlen lassen.

WEIZENBROT MIT HAFERFLOCKEN

Hier ein Rezept für Fans von reinen Weizenbroten. Der Kick darin sind die gerösteten Haferflocken, die dem Brot den typischen Geschmack verleihen. Interessant an diesem Rezept sind die kurze Knetzeit und das mehrmalige Falten.

FÜR DEN SAUERTEIG
160 g Weizenmehl 550
130 g Wasser
16 g Weizenanstellgut, siehe Seite 10/11

FÜR DAS QUELLSTÜCK
70 g kernige Haferflocken
200 g kochendes Wasser

FÜR DEN HAUPTTEIG
Sauerteig
Quellstück
400 g Weizenmehl 550
160 g Wasser
5 g Frischhefe
14 g Salz

ergibt 1 Brot von ca. 1 kg

1. Alle Zutaten für den Sauerteig in einer großen Schüssel klümpchenfrei verrühren und bei Zimmertemperatur (besser wären 26 °C) mit Klarsichtfolie abgedeckt 16 Stunden reifen lassen.

2. Die Haferflocken für das Quellstück anrösten und mit dem kochenden Wasser übergießen. Mit Klarsichtfolie abdecken und ebenfalls 16 Stunden quellen lassen.

3. Alle Zutaten für den Hauptteig in der Küchenmaschine 6 Minuten kneten und den Teig 30 Minuten ruhen lassen. Dann den Teig falten.

4. Dafür den Teig mit einem Teigschaber vom Rand her in die Mitte ziehen und zu einem Quadrat drücken, dann von allen Ecken in die Mitte schlagen und den Vorgang zweimal wiederholen, siehe auch Seite 22/23. Danach muss der Teig wieder 30 Minuten ruhen. Erneut falten und 30 Minuten ruhen lassen, wieder falten und 1 Stunde ruhen lassen.

5. Den Teig danach rund formen und in den gut bemehlten Gärkorb geben, mit Klarsichtfolie abdecken und nochmals 1 Stunde zur Gare stellen.

6. Den Backofen rechtzeitig auf 250 °C vorheizen.

7. Ein Backblech mit Backpapier belegen. Den Teigling vorsichtig darauf stürzen, einschneiden und auf die 2. Schiene von unten in den Backofen schieben, mit einer Blumenspritze heißes Wasser an die Ofenwände spritzen. Nach etwa 10 Minuten

die Backofentür öffnen, um den restlichen Dampf abziehen zu lassen. Bei 250 °C 15 Minuten anbacken, bis die gewünschte Bräune erreicht ist. Dann die Temperatur auf 180 °C reduzieren und das Brot in weiteren 35 Minuten fertig backen.

8 Zur Kontrolle, ob das Brot fertig gebacken ist, klopft man auf die Unterseite. Es sollte schön hohl klingen. Man kann auch mit einem Thermometer die Kerntemperatur messen. Sie sollte mindestens 93 °C betragen.

9 Das fertige Brot auf einem Küchenrost auskühlen lassen.

DELBRÜCKER ECKSTEINE

Die Delbrücker Ecksteine sind äußerst zart und locker. Durch die lange kalte Führung und durch den Sauerteig aus Hartweizenvollkornmehl bekommen sie einen unvergleichlichen Geschmack. Mein Tipp: Sie sollten den Sauerteig und den Vorteig am Morgen vor dem Backtag ansetzen. Am Abend vor dem Backtag bereiten Sie den Hauptteig zu.

FÜR DEN SAUERTEIG
100 g Hartweizenvollkornmehl (Internethandel)
100 g Wasser
10 g Weizenanstellgut, siehe Seite 10/11

FÜR DEN VORTEIG
3 g Frischhefe
300 g Wasser
200 g Weizenmehl 550
100 g Hartweizenvollkornmehl (Internethandel)

FÜR DEN HAUPTTEIG
Sauerteig
Vorteig
600 g Weizenmehl 550
200 g Wasser
8 g Frischhefe
20 g Salz
20 g Butter
1 TL flüssiges Backmalz (Internethandel)

AUSSERDEM
feiner Hartweizengrieß

ergibt 18 Brötchen

1 Für den Sauerteig alle Zutaten gut verrühren und abgedeckt bei Raumtemperatur 16–18 Stunden reifen lassen.

2 Für den Vorteig die Hefe im Wasser auflösen und zum Mehl geben. Alles klümpchenfrei verrühren und 2 Stunden gehen lassen. Es sollen sich kleine Bläschen auf dem Teig bilden. Dann den Teig abgedeckt für 14 Stunden in den Kühlschrank (+ 5 °C, mittleres Fach) stellen.

3 Für den Hauptteig Sauerteig, Vorteig und alle anderen Zutaten 15 Minuten auf langsamster Stufe in der Küchenmaschine kneten. Danach den Teig rund formen, in eine große Schüssel legen und mit einem feuchten Küchenhandtuch abgedeckt für 8–12 Stunden in den Kühlschrank stellen.

4 Am Backtag nimmt man den Teig aus dem Kühlschrank und lässt ihn 30 Minuten akklimatisieren. Dann den Teig halbieren. Jede Teighälfte zu einem Viereck von 30 × 30 cm ausrollen. Jetzt sticht man 3 Reihen von je 10 cm Breite ab und teilt dann jede Reihe in 3 Quadrate von 10 × 10 cm. Insgesamt erhält man so 18 Quadrate.

5 Diese Rechtecke drückt man mit der Oberfläche in den Hartweizengrieß und setzt sie auf das Backblech. Die Ecksteine mit der Folie abgedeckt für 60 Minuten bei Raumtemperatur gehen lassen. Den Backofen auf 230 °C Ober- und Unterhitze vorheizen.

6 Das Blech in den Ofen schieben und die Ecksteine in 16–18 Minuten goldbraun backen. Sie sind gar, wenn man auf die Unterseite klopft und es schön hohl klingt. Die Brötchen auf einem Rost abkühlen lassen.

EINFACHES HELLES LANDBROT

Wenn man die angegebenen Zeiten genau befolgt, ist dieses Rezept eigentlich sehr einfach. Der Teig besteht nur aus Mehl, Wasser, Salz und ein wenig Hefe. Das Brot geht sehr schön auf, hat eine lockere Krume und ein tolle rösche Kruste.

FÜR DEN SAUERTEIG
75 g Weizenmehl T65 (oder Weizenmehl 550)
75 g Wasser
7,5 g Weizenanstellgut, siehe Seite 10/11

FÜR DEN HAUPTTEIG
Sauerteig
500 g Weizenmehl T 65 (oder Weizenmehl 550)
60 g Roggenvollkornmehl
340 g Wasser
12 g Salz
7,5 g Hefe

ergibt 1 Brot von ca. 1 kg

1 Alle Zutaten für den Sauerteig in einer großen Schüssel klümpchenfrei verrühren und bei Zimmertemperatur (besser wären 26 °C) 16 Stunden mit einer Klarsichtfolie abgedeckt reifen lassen.

2 Beide Mehlsorten für den Hauptteig mit dem Wasser 2 Minuten kneten und 30 Minuten ruhen lassen. Dann alle Zutaten mindestens 15 Minuten in der Küchenmaschine kneten, den Teig in eine geölte Schüssel geben und falten. Dafür den Teig zu einem Quadrat drücken, alle Ecken in die Mitte schlagen und den Vorgang zweimal wiederholen, siehe auch Seite 22/23. Danach muss der Teig 30 Minuten ruhen. Dann wieder falten und erneut 30 Minuten ruhen lassen. Dann wird er wieder gefaltet und muss ein weiteres Mal 30 Minuten ruhen.

3 Nach diesen Ruhezeiten den Teig zu einer Kugel formen und mit einem Rollholz in der Mitte eine starke Vertiefung eindrücken (fast bist auf den Boden). Diese Vertiefung mit etwas Roggenmehl bestreuen, die Wülste zusammenlegen und mit der Vertiefung nach unten in den gut bemehlten Gärkorb legen. Den Teigling etwa 1½ bis 2 Stunden bei Raumtemperatur, mit Klarsichtfolie abgedeckt, gehen lassen.

4 Den Backofen rechtzeitig auf 230 °C vorheizen.

5 Ein Backblech mit Backpapier belegen. Den Teigling darauf stürzen und auf die 2. Schiene von unten in den Backofen schieben, mit einer Blumenspritze heißes Wasser an die Ofenwände spritzen. Nach etwa 10 Minuten die Backofentür öffnen, um den restlichen Dampf abziehen zu lassen. Das Brot bei

230 °C 15 Minuten anbacken, bis die gewünschte Bräune erreicht ist. Die Temperatur auf 180 °C reduzieren und das Brot in weiteren 35 Minuten fertig backen.

6 Zur Kontrolle, ob das Brot fertig gebacken ist, klopft man auf die Unterseite. Es sollte schön hohl klingen. Man kann auch mit einem Thermometer die Kerntemperatur messen. Sie sollte mindestens 93 °C betragen.

7 Das fertige Brot auf einem Küchenrost auskühlen lassen.

GROSSMUTTERS HAUSBROT

Dieses alte Brotrezept besteht nur aus Mehl, Wasser und Salz. Unsere Altvorderen wussten, wie man aus diesen 3 Dingen ein sehr schmackhaftes Brot herstellen konnte. Leider gerät dieses Wissen immer mehr in Vergessenheit.

FÜR DEN STARTER
100 g Weizenmehl 1050
65 g Wasser
1 TL Weizenanstellgut oder Roggenanstellgut, siehe Seite 10/11
1 Prise Salz

FÜR DEN WEIZENSAUERTEIG
150 g Starter
300 g Weizenmehl 1050
180 g Wasser

FÜR DEN HAUPTTEIG
600 g Weizenmehl 1050
380 g lauwarmes Wasser
Sauerteig
18 g Salz

ergibt 1 Brot von ca. 1 kg

1 Alle Zutaten für den Starter in einer Schüssel klümpchenfrei verrühren, mit Klarsichtfolie abdecken und über Nacht stehen lassen. Die Masse in ein Schraubglas füllen und mindestens 48 Stunden im Kühlschrank (5 °C) reifen lassen. Der Starter kann gut 2 Wochen im Kühlschrank aufbewahrt werden und geht dann immer noch schön auf.

2 Alle Zutaten für den Sauerteig in einer Schüssel gut verkneten, mit Klarsichtfolie abdecken und 16 Stunden bei Raumtemperatur reifen lassen. Dann ist der Vorteig gut aufgegangen und zeigt viele Bläschen.

3 Das Mehl für den Hauptteig mit dem Wasser in der Küchenmaschine etwa 4 Minuten verkneten und 30 bis 45 Minuten stehen lassen. Dann den Vorteig hinzufügen und etwa 15 Minuten sehr gut unterkneten. Zuletzt das Salz in den Teig arbeiten. Von diesem Teig 150 g als Starter für das nächste Brot im Kühlschrank aufbewahren. Die restliche Menge mit Klarsichtfolie abgedeckt etwa 1 Stunde ruhen lassen, danach rund formen, in den gut bemehlten Gärkorb geben und etwa 70 Minuten bei Raumtemperatur (besser wären 26 °C) gehen lassen.

4 Den Backofen auf 230 °C vorheizen.

5 Ein Backblech mit Backpapier belegen. Den Teigling vorsichtig darauf stürzen, einschneiden, auf die 2. Schiene von unten in den Backofen schieben, mit einer Blumenspritze heißes Wasser an die Ofenwände spritzen. Nach etwa 10 Minuten die Backofentür öffnen, um den restlichen Dampf abziehen zu lassen. Das Brot 15 Minuten bis zur gewünschten Bräune anbacken. Dann die Temperatur auf 180 °C reduzieren und das Brot in weiteren 40 Minuten fertig backen.

6 Zur Kontrolle, ob das Brot fertig gebacken ist, klopft man auf die Unterseite. Es sollte schön hohl klingen. Man kann auch mit einem Thermometer die Kerntemperatur messen. Sie sollte mindestens 93 °C betragen.

7 Das fertige Brot auf einem Küchenrost auskühlen lassen.

WEIZENMISCHBROT

Hier ein Brot für Freunde des etwas milderen Brotgeschmacks. Durch den Anteil von 70 Prozent Weizenmehl ergibt sich eine schöne lockere und mittelgroße Porung.

FÜR DEN SAUERTEIG
100 g Roggenmehl
100 g Wasser
10 g Roggenanstellgut, siehe Seite 10/11

FÜR DEN VORTEIG
200 g Weizenmehl 812
200 g Wasser
2 g Frischhefe

FÜR DEN HAUPTTEIG
Sauerteig
Vorteig
100 g Roggenmehl 1150
265 g Weizenmehl 1050
165 g Restwasser
13 g Salz
8 g Frischhefe

ergibt 1 Brot von ca. 1 kg

1. Alle Zutaten für den Sauerteig in einer Schüssel klümpchenfrei verrühren und 16 Stunden bei Raumtemperatur (besser wären 26 °C) mit Klarsichtfolie abgedeckt gehen lassen.

2. Alle Zutaten für den Vorteig klümpchenfrei verrühren und mit Klarsichtfolie abgedeckt 2 Stunden gehen lassen (der Teig schlägt kleine Bläschen). Dann für 14 Stunden in den Kühlschrank bei 5 °C stellen.

3. Alle Zutaten für den Hauptteig in der Küchenmaschine 15 Minuten kneten. Den Teig abgedeckt mit Klarsichtfolie 30 Minuten ruhen lassen. Dann falten. Dafür den Teig zu einem Quadrat drücken, alle Ecken in die Mitte schlagen und den Vorgang zweimal wiederholen, siehe auch Seite 22/23. Danach muss der Teig 30 Minuten ruhen. Dann wird er wieder gefaltet und braucht erneut 30 Minuten Ruhe. Dann erneut falten und wieder 30 Minuten ruhen lassen.

4. Den Teig rund wirken, in einen gut bemehlten Gärkorb legen und etwa 1 Stunde bei 32 °C im Backofen gehen lassen. Die Temperatur von 32 °C erreicht man durch Einschalten der Backofenlampe.

5. Den Backofen rechtzeitig auf 230 °C vorheizen. Ein Backblech mit Backpapier belegen. Den Teigling darauf stürzen und mit einem Messer einschneiden. Das Blech auf die 2. Schiene von unten in den Backofen schieben, mit einer Blumenspritze heißes Wasser an die Ofenwände spritzen. Nach etwa 10 Minuten die Backofentür öffnen, um den restlichen Dampf abziehen zu lassen. Das Brot 15 Minuten anbacken, bis die gewünschte Bräune erreicht ist. Dann die Temperatur auf 180 °C reduzieren und das Brot in weiteren 40 Minuten fertig backen.

6. Zur Kontrolle, ob das Brot fertig gebacken ist, klopft man auf die Unterseite. Es sollte schön hohl klingen. Man kann auch mit einem Thermometer die Kerntemperatur messen. Sie sollte mindestens 93 °C betragen.

7. Das fertige Brot auf einem Küchenrost auskühlen lassen.

BAGUETTE MIT SAUERTEIG

Dies ist mein ältestes Baguetterezept „Baguette mit Sauerteig". Es ist zum Frühstück köstlich, bereichert aber auch jedes Grillfest.
Mein Tipp: Am Abend vor dem Backtag den Sauerteig ansetzen und am nächsten Morgen den Hauptteig herstellen, die Baguettes formen und backen.

FÜR DEN SAUERTEIG
100 g Weizenmehl 550
100 g Wasser
10 g Weizenanstellgut, siehe Seite 10/11

FÜR DEN HAUPTTEIG
Sauerteig
850 g Weizenmehl 550
50 g Roggenmehl 1150
8 g Frischhefe
20 g Salz
15 g Backmalz, enzymaktiv (Internethandel)
550 g Wasser

ergibt 6 Baguettes

1 Für den Sauerteig die Zutaten gut verrühren und abgedeckt 16 Stunden bei Raumtemperatur (besser wären 26 °C) reifen lassen.

2 Für den Hauptteig den Sauerteig und alle anderen Zutaten in der Küchenmaschine ca. 18 Minuten auf langsamster Stufe kneten, bis ein homogener Teig entstanden ist, der sich vom Schüsselrand löst. Abgedeckt 30 Minuten gehen lassen.

3 Den Teig dann einmal falten und strecken (siehe Seite 22/23) und abgedeckt wieder 30 Minuten gehen lassen.

4 Den Teig nochmals strecken und falten, 6 Portionen zu je ca. 285 g abwiegen und rund formen. Abgedeckt 10 Minuten gehen lassen.

5 Die Teigstücke zu Rechtecken von jeweils 20 x 15 cm auseinanderziehen und -drücken, dann von der Längsseite her die obere Hälfte zur Mitte umklappen, die Kante andrücken, dann die untere Hälfte darüberklappen und die Kante ebenfalls andrücken. Den Schluss (also die Naht) zusammendrücken. Dann die Teiglinge auf der Arbeitsfläche rollen, um Stränge von ca. 30–40 cm Länge zu bekommen.

6 Die Teiglinge in Bäckerleinen legen und sie durch hochgezogene Falten voneinander trennen (siehe Seite 19). Abgedeckt mindestens 45 Minuten, maximal 60 Minuten gehen lassen. Den Backofen auf 230 °C Ober- und Unterhitze vorheizen.

7 Mit einem länglichen Brett die Baguettes auf die Backbleche transportieren. Die Oberfläche mit einem scharfen Messer mehrfach schräg und parallel einschneiden. Das Blech in den Ofen schieben und mit einer Blumenspritze heißes Wasser an die Ofenwände spritzen. Nach etwa 10 Minuten die Ofentür kurz öffnen und den restlichen Dampf abziehen lassen. Die Baguettes 10 Minuten anbacken, dann die Temperatur auf 200 °C reduzieren und weitere 10–13 Minuten backen.

BAGUETTE TRADITIONELL

Foto Seite 75

Bohnenmehl aus Saubohnen wird seit fast 100 Jahren von französischen Bäckern zum Baguetteteig gegeben. Sie können stattdessen aber auch einfach die Menge des Weizenmehls um 10 g erhöhen.
Mein Tipp: Die langen Gehzeiten machen das Timing schwierig. Am besten ist es, wenn Sie den Sauerteig und den Vorteig frühmorgens ansetzen und den Hauptteig dann nach Ablauf der 16 Stunden kneten. Dann können Sie am nächsten Morgen backem.

FÜR DEN WEIZENSAUERTEIG
100 g Weizenmehl T65 (Internethandel)
70 g Wasser
10 g Weizenanstellgut, siehe Seite 10/11

FÜR DEN VORTEIG
330 g Wasser
3,5 g Frischhefe
300 g Weizenmehl T65
30 g Roggenmehl 1150

FÜR DEN HAUPTTEIG
Sauerteig
Vorteig
600 g Weizenmehl T65 (Internethandel), ersatzweise T550
70 g Roggenmehl 1150
320 g Wasser
6,5 g Frischhefe
20 g Salz
10 g Bohnenmehl (Internethandel)
1 EL flüssiges Backmalz (Internethandel)

ergibt 9 Baguettes à 110 g

1. Für den Weizensauerteig alle Zutaten gut verrühren und bei 26 °C 16 Stunden reifen lassen (bei Raumtemperatur dauert es ca. 18–20 Stunden).

2. Für den Vorteig ebenfalls alle Zutaten gut verrühren, 2 Stunden bei Raumtemperatur gehen lassen, dann abgedeckt im Kühlschrank (+ 5 °C, mittleres Fach) 14 Stunden reifen lassen.

3. Für den Hauptteig den Weizensauerteig und den Vorteig mit allen anderen Zutaten 15 Minuten in der Küchenmaschine kneten. Den Teig in eine ausreichend große Schüssel legen (er geht ordentlich auf) und abgedeckt für mindestens 12 Stunden in den Kühlschrank stellen.

4 Den Teig aus dem Kühlschrank nehmen, Teigstücke von 240 g abwiegen, rund formen und 30 Minuten abgedeckt gehen lassen. Danach die Baguettes formen, in Leinentücher legen (siehe Seite 19) und abgedeckt nochmals 45 Minuten gehen lassen. Den Backofen auf 230 °C Ober- und Unterhitze vorheizen.

5 Die Baguettes auf Backbleche legen, die Oberflächen mit einem scharfen Messer oder einer Rasierklinge einschneiden und in den Ofen schieben. Mit einer Blumenspritze heißes Wasser an die Ofenwände spritzen. Nach etwa 10 Minuten die Ofentür kurz öffnen und den restlichen Dampf abziehen lassen. Die Baguettes insgesamt 25 Minuten backen.

KORINTHENBROT

Dies ist ein süßes Brot, das schön aufgeht und locker wird. Sie brauchen eine Kastenform für 1 kg. Viel Spaß beim Nachbacken.
Mein Tipp: Wenn Sie den Sauerteig nachmittags gegen 17 Uhr ansetzen, können Sie am nächsten Morgen gegen 9 Uhr das Brot backen.

FÜR DEN SAUERTEIG
50 g Roggenmehl 1150
40 g Wasser
1 g Roggenanstellgut, siehe Seite 10/11

FÜR DEN HAUPTTEIG
Sauerteig
450 g Weizenmehl 550 oder 812
15 g Zucker
10 g Vollmilchpulver
10 g Frischhefe
10 g Salz
240 g Wasser
1 TL flüssiges Backmalz (Internethandel)
20 g Butter
100 g Korinthen, Sultaninen oder Rosinen

EISTREICHE
1 Eigelb
1 EL Milch
1 Prise Salz
1 Prise Zucker

ergibt 1 Brot

1 Für den Sauerteig alle Zutaten gut verrühren und abgedeckt bei Raumtemperatur 15–18 Stunden reifen lassen.

2 Für den Hauptteig den Sauerteig mit allen Zutaten bis auf die Butter und die Korinthen 15 Minuten kneten. Nach der Hälfte der Zeit die Butter hinzufügen und 3 Minuten vor Schluss die Korinthen. Den Teig abgedeckt 20–45 Minuten ruhen lassen. Für die Eistreiche Eigelb mit Milch, Salz und Zucker verquirlen.

3 Den Teig zunächst rund, dann lang formen und in eine gut gebutterte Kastenform (23 x 11 x 9,5 cm) mit der glatteren Seite nach oben legen. Mit der Eistreiche bepinseln und abgedeckt mit einem gut bemehlten Küchentuch oder einer speziellen Abdeckfolie mit Untergewebe bei 30 °C ca. 50 Minuten gehen lassen. Bei Raumtemperatur dauert der Vorgang 60–75 Minuten. Nach 35 Minuten das Brot oben kräftig einschneiden. Den Backofen auf 230 °C vorheizen.

4 Das Brot in den Ofen schieben und mit einer Blumenspritze heißes Wasser an die Ofenwände spritzen. Nach etwa 10 Minuten die Ofentür kurz öffnen und den restlichen Dampf abziehen lassen. Nach 15 Minuten Backzeit die Temperatur auf 180 °C reduzieren und das Brot weitere 25 Minuten backen. Das Brot aus dem Ofen nehmen und auf einem Gitterrost auskühlen lassen.

Korinthenbrot

Traditionelles Beaguette
Rezept auf Seite 72

FRANZBRÖTCHEN Foto Seite 79

Franzbrötchen sind eine süße, norddeutsche Spezialität aus Hefeteig mit Zimt. Die spezielle Form bekommen sie einfach durch das Eindrücken eines Kochlöffelstiels. Der Milchbubi ist ein Sauerteig, den man mit Milch ansetzt.
Mein Tipp: Am Abend vor dem Backtag Sauerteig und Vorteig ansetzen und am nächsten Morgen nur noch kneten, etwas ruhen lassen, die Brötchen formen und backen.

FÜR DEN SAUERTEIG (MILCHBUBI)
60 g Weizenmehl 550
60 g H-Milch 3,5 %
10 g Weizenanstellgut, siehe Seite 10/11

FÜR DEN VORTEIG
60 g Weizenmehl 550
60 g H-Milch 3,5 %
1 g Frischhefe

FÜR DEN HAUPTTEIG
Sauerteig
Vorteig
380 g Weizenmehl 550
150 g H-Milch 3,5 %
80 g Zucker
70 g Butter
1 Prise Salz
2 Eigelbe
1 TL flüssiges Backmalz (Internethandel)
7,5 g Frischhefe

1 Für den Sauerteig alle Zutaten gut vermischen und abgedeckt bei Raumtemperatur 12–16 Stunden reifen lassen.

2 Für den Vorteig alle Zutaten gut vermischen und ebenfalls abgedeckt bei Raumtemperatur 12–16 Stunden reifen lassen.

3 Für den Hauptteig aus Sauerteig, Vorteig und allen anderen Zutaten außer der Butter einen homogenen Teig kneten. Wenn sich der Teig zusammenfügt, die Butter in kleinen Stücken sowie etwas Zitronenabrieb und Vanillearoma hinzufügen und noch einmal 8 Minuten kneten. Anschließend den Teig auf die Arbeitsfläche legen, Abdeckfolie oder ein gut bemehltes Küchentuch darüber legen und den Teig 30 Minuten ruhen lassen.

4 Den Teig dann auf eine Größe von 40 x 60 cm ausrollen. Die Teigplatte mit flüssiger Butter bestreichen und gut mit Zimtzucker bestreuen. Von der schmalen Seite her aufrollen.

AUSSERDEM
etwas Zitronenabrieb
Vanillearoma
flüssige Butter nach Geschmack
Zimtzucker nach Geschmack

ergibt 10 Brötchen

5   Jetzt von der Rolle 3–4 cm breite Stücke abschneiden und von oben etwas flach drücken. Dann den Stiel eines Kochlöffels von oben in die Rolle drücken und fast ganz durchdrücken (als wolle man das 4 cm breite Stück in zwei von je 2 cm teilen). Den Kochlöffel wieder entfernen und die Brötchen auf das Backblech legen. Abdecken und 45 Minuten gehen lassen. Den Backofen auf 200 °C Ober- und Unterhitze vorheizen.

6   Das Blech in den Backofen schieben und die Franzbrötchen 20 Minuten backen.

ROGGENBRÖTCHEN

Wir lieben zwar die schönen knusprigen Weizenbrötchen, aber ab und zu muss es auch mal Roggenbrötchen geben. Sie sind natürlich etwas fester als Weizenbrötchen, schmecken aber wirklich sehr gut.
Mein Tipp: Wenn man am Nachmittag den Vorteig und den Sauerteig vorbereitet, geht es am nächsten Morgen schnell: Nach 2,5 Stunden sind die Roggenbrötchen fertig.

FÜR DEN SAUERTEIG
120 g Wasser
120 g Roggenvollkornmehl
12 g Roggenvollkornanstellgut, siehe Seite 10/11

FÜR DEN VORTEIG
100 g Weizenmehl 1050
100 g Wasser
1 g Frischhefe

FÜR DEN HAUPTTEIG
Sauerteig
Vorteig
220 g Weizenmehl 1050
120 g Roggenmehl 1150
140 g Wasser
2 g Frischhefe
10 g Salz
5 g Roggenmalz

ZUM WÄLZEN
Sonnenblumenkerne

ergibt 9 Brötchen

1 Für den Sauerteig alle Zutaten gut vermischen und abgedeckt bei Raumtemperatur 12–16 Stunden reifen lassen.

2 Für den Vorteig alle Zutaten gut verrühren und bei Raumtemperatur abgedeckt ca. 2 Stunden gehen lassen. Es sollen kleine Bläschen nach oben steigen. Danach für 12 Stunden in den Kühlschrank (+ 5 °C, mittleres Fach) stellen.

3 Für den Hauptteig Sauerteig, Vorteig und alle anderen Zutaten 7 Minuten in der Maschine gut durchkneten und eine Teigruhe von 30 Minuten einlegen. Dann Stücke von ca. 90 g abwiegen und rund formen. Die Teiglinge mit Wasser bepinseln, in Sonnenblumenkernen wälzen und auf das Blech setzen. Abgedeckt 75 Minuten gehen lassen. Den Backofen auf 250 °C Ober- und Unterhitze vorheizen.

4 Das Blech in den Ofen schieben und mit einer Blumenspritze heißes Wasser an die Ofenwände spritzen. Nach etwa 10 Minuten die Ofentür kurz öffnen und den restlichen Dampf abziehen lassen. Die Brötchen 10 Minuten anbacken, dann die Temperatur auf 230 °C reduzieren und weitere 8 Minuten backen. Sie sind gar, wenn man auf die Unterseite klopft und es schön hohl klingt. Die Brötchen auf einem Rost abkühlen lassen.

Franzbrötchen, Seite 76

SPITZKORNLINGE

Dies ist ein richtig rustikales und kerniges Rezept. Die Spitzkornlinge sind so was von lecker! Mit Salat, Tomaten, Salami und Ei belegt ein Gedicht. Mein Tipp: Wenn man am Abend vor dem Backtag den Sauerteig, den Vorteig und das Brühstück vorbereitet, geht das Formen und Backen der Spitzkornlinge am nächsten Morgen recht schnell: Nach 2 Stunden stehen sie auf dem Tisch.

FÜR DEN SAUERTEIG
120 g Wasser
12 g Roggenanstellgut, siehe Seite 10/11
120 g Roggenschrot mittel

FÜR DEN VORTEIG
100 g Wasser
1 g Frischhefe
100 g Weizenmehl 550

FÜR DAS BRÜHSTÜCK
110 g Weizenschrot mittel
40 g Sonnenblumenkerne, geröstet und grob gemahlen
40 g Kürbiskerne geröstet, und grob gemahlen
40 g Leinsamen
18 g Salz
230 g kochendes Wasser

FÜR DEN HAUPTTEIG
Sauerteig
Vorteig
Brühstück
220 g Weizenmehl 550
120 g Roggenmehl 1150
140 g Wasser
7,5 g Frischhefe
7,5 g Roggenmalzpulver (Internethandel)
1 TL flüssiges Backmalz (Internethandel)

1. Für den Sauerteig alle Zutaten gut verrühren und bei Raumtemperatur abgedeckt 12–16 Stunden reifen lassen.

2. Für den Vorteig ebenfalls alles gut verrühren, 2 Stunden gehen lassen und dann für 12 Stunden in den Kühlschrank (+ 5 °C, mittleres Fach) stellen.

3. Für das Brühstück alle Zutaten mit dem kochenden Wasser übergießen und abgedeckt 12–14 Stunden bei Raumtemperatur quellen lassen.

4. Für den Hauptteig Sauerteig, Vorteig, Brühstück und alle anderen Zutaten 15 Minuten langsam kneten. Den Teig abdecken und eine Teigruhe von mindestens 30 Minuten einhalten.

5. Anschließend vom Teig 14 Stücke à ca. 100 g abwiegen und rund formen. Danach die Teiglinge leicht oval ausrollen und von der Längsseite her aufrollen. In Roggenmehl wälzen, auf ein Backblech setzen und abgedeckt 60–90 Minuten gehen lassen. Den Backofen auf 230 °C Ober- und Unterhitze vorheizen.

ZUM BESTREUEN
grobes Salz
Kümmel

ergibt 14 Stück

6 Die Teiglinge zweimal quer einschneiden und nach Belieben mit grobem Salz und Kümmel bestreuen. Das Blech in den Ofen schieben und mit einer Blumenspritze heißes Wasser an die Ofenwände spritzen. Nach etwa 10 Minuten die Ofentür kurz öffnen und den restlichen Dampf abziehen lassen. Die Spitzkornlinge insgesamt 20 Minuten backen. Sie sind gar, wenn man auf die Unterseite klopft und es schön hohl klingt. Die Brötchen auf einem Rost abkühlen lassen.

Sauerteigbrote und -brötchen mit hohem Weizenanteil

BROT MIT ZWEI SAUERTEIGEN

Als ich zum ersten Mal von einem Brot mit zwei Sauerteigen hörte, fragte ich mich: »Was soll der Quatsch, ein Sauerteig genügt doch!« Doch meine Neugier war geweckt. Nach einigen Versuchen konnte ich feststellen: Die Krume, die Kruste und der Geschmack sind einmalig. Die etwas aufwendige Herstellung lohnt sich!

FÜR DEN WEIZENSAUERTEIG
54 g Weizenmehl 550
67 g Wasser
5 g Weizenanstellgut, siehe Seite 10/11

FÜR DEN ROGGENVOLLKORN-SAUERTEIG
54 g Roggenvollkornmehl
43 g Wasser
5 g Roggenvollkornanstellgut, siehe Seite 10/11, hierbei nimmt man Roggenvollkornmehl

FÜR DEN HAUPTTEIG
Weizensauerteig
Roggensauerteig
500 g Weizenmehl 550
54 g Weizenvollkornmehl
342 g Wasser
12 g Salz

ergibt 1 Brot von ca. 1 kg

1. Alle Zutaten für den Weizensauerteig gut verrühren, mit Klarsichtfolie abdecken und bei Raumtemperatur (besser wären 26 °C) 12 bis 16 Stunden reifen lassen.

2. Alle Zutaten für den Roggenvollkornsauerteig gut verrühren, mit Klarsichtfolie abdecken und bei Raumtemperatur 12 bis 16 Stunden reifen lassen.

3. Alle Zutaten für den Hauptteig außer dem Salz nur locker vermengen, dann etwa 4 Minuten in der Küchenmaschine kneten. Den Teig abgedeckt mit Klarsichtfolie bei Raumtemperatur 1 Stunde ruhen lassen, dann das Salz dazugeben und 4 Minuten mit der Küchenmaschine unterkneten. Mit Klarsichtfolie abdecken und 2½ Stunden ruhen lassen. Währenddessen wird der Teig alle 50 Minuten gefaltet, siehe Seite 22/23. Erst von oben, dann von unten, dann von rechts und dann von links und immer zur Mitte. Insgesamt zweimal. Den Teig dann rund formen, in den gut bemehlten Gärkorb legen und mit Klarsichtfolie abdecken. Bei 24 °C dauert die Gare 2 bis 2½ Stunden.

4. Den Backofen rechtzeitig auf 235 °C vorheizen.

5. Den Teigling vorsichtig auf ein Backblech stürzen, einschneiden und in den Ofen schieben.

6. Ein Backblech mit Backpapier belegen. Den Teigling vorsichtig darauf stürzen, auf die 2. Schiene von unten in den Backofen schieben, mit einer Blumenspritze heißes Wasser an die Ofenwände spritzen. Nach etwa 10 Minuten die Backofentür öffnen, um den restlichen Dampf abziehen zu lassen. Das Brot in 45 Minuten fertig backen.

7 Zur Kontrolle, ob das Brot fertig gebacken ist, klopft man auf die Unterseite. Es sollte schön hohl klingen. Man kann auch mit einem Thermometer die Kerntemperatur messen. Sie sollte mindestens 93 °C betragen.

8 Das fertige Brot auf einem Küchenrost auskühlen lassen.

MÜNSTERLÄNDER

Das Münsterländer hat mich sofort gereizt nachzubacken, da es aus unserer Gegend stammt. Die Mehlsorten sind leicht zu beschaffen, man bekommt sie in jedem Supermarkt. Das Brot gelingt leicht und ist für den Anfänger bestens geeignet.

FÜR DEN SAUERTEIG
100 g Roggenmehl 1150
100 g Wasser
10 g Roggenanstellgut, siehe Seite 10/11

FÜR DEN VORTEIG
260 g Weizenmehl 1050
1 g Hefe
1 g Salz
180 g Wasser

FÜR DEN HAUPTTEIG
Sauerteig
Vorteig
260 g Weizenmehl 1050
30 g Roggenmehl 1150
10 g Butter
14 g Salz
7 g Hefe
180 g Wasser

ergibt 1 Brot von ca. 1 kg

1. Alle Zutaten für den Sauerteig in einer großen Schüssel klümpchenfrei verrühren und bei Zimmertemperatur (besser wären 26 °C) 16 Stunden, abgedeckt mit Klarsichtfolie, reifen lassen.

2. Alle Zutaten für den Vorteig in einer Schüssel klümpchenfrei verrühren und mit Klarsichtfolie abgedeckt 2 Stunden bei Raumtemperatur gehen lassen. Dann für 14 Stunden in den Kühlschrank (5 °C) stellen.

3. Für den Hauptteig alle Zutaten zusammen 12 Minuten in der Küchenmaschine kneten (mit der Hand sollte die Knetzeit 15 bis 20 Minuten dauern). Den Teig dann, abgedeckt mit Klarsichtfolie, 30 Minuten ruhen lassen. Danach rund formen, mit dem Schluss (die untere Seite des Teiglings) nach unten in den gut bemehlten Gärkorb legen. Mit Klarsichtfolie abdecken. Die Gare dauert etwa 1 bis 1¼ Stunden bei 30 bis 32 °C. Man erreicht diese Temperatur durch Anstellen der Backofenlampe.

4. Den Backofen rechtzeitig auf 240 °C vorheizen.

5. Ein Backblech mit Backpapier auslegen. Den Teigling vorsichtig darauf stürzen, auf die 2. Schiene von unten in den Backofen schieben, mit einer Blumenspritze heißes Wasser an die Ofenwände spritzen. Nach etwa 10 Minuten die Backofentür öffnen, um den restlichen Dampf abziehen zu lassen. Das Brot 15 Minuten anbacken, bis die gewünschte Bräune erreicht ist. Dann die Temperatur auf 210 °C reduzieren und das Brot in weiteren 40 Minuten fertig backen. Für eine schöne rösche Kruste das Brot in den letzten 15 Minuten bei leicht geöffneter Backofentür backen.

6 Zur Kontrolle, ob das Brot fertig gebacken ist, klopft man auf die Unterseite. Es sollte schön hohl klingen. Man kann auch mit einem Thermometer die Kerntemperatur messen. Sie sollte mindestens 93 °C betragen.

7 Das fertige Brot auf einem Küchenrost auskühlen lassen.

KARTOFFELBROT

Auf diese Resteverwertungsidee bin ich durch die Kartoffeln von meinem Backfreund Eibauer gekommen. Die Pluspunkte: Das Brot bleibt lange frisch und schmeckt sehr gut. Sowohl mehlig also auch festkochende Kartoffeln eignen sich dafür.

FÜR DEN SAUERTEIG
150 g Weizenmehl 550
150 g Wasser
15 g Weizenanstellgut, siehe Seite 10/11

FÜR DEN VORTEIG
100 g Weizenmehl 550
100 g Wasser
1 g Hefe

FÜR DEN HAUPTTEIG
Vorteig
Sauerteig
200 g Roggenmehl 1150
220 g Weizenmehl 550
140 g gekochte Kartoffeln (durchgedrückt)
185 g Milch-Wassergemisch (Verhältnis 1:1)
10 g Butter
12 g Hefe
14 g Salz
1 TL flüssiges Backmalz

ergibt 1 Brot von ca. 1 kg

1 Die Zutaten für den Sauerteig in einer großen Schüssel klümpchenfrei verrühren und dann bei Zimmertemperatur (besser wären 26 °C) mit Klarsichtfolie abgedeckt 16 Stunden reifen lassen.

2 Die Zutaten für den Vorteig klümpchenfrei verrühren und abgedeckt mit einer Plastikhaube 2 Stunden gehen lassen (der Teig schlägt kleine Bläschen). Dann für 14 Stunden in den Kühlschrank (5 °C) stellen.

3 Alle Zutaten für den Hauptteig so lange kneten, bis sich der Teig von der Schüssel löst, das dauert etwa 12 Minuten.

4 Dann den Teig in eine Schüssel füllen und 1½ Stunden bei Raumtemperatur stehen lassen. Alle 30 Minuten den Teig aus der Schüssel nehmen und falten. Erst von oben, dann von unten, dann von rechts und dann von links, siehe Seite 22/23. Danach den Teig zu einer Kugel formen und mit dem Schluss (der Naht) nach unten in den gut bemehlten Garkorb legen. Die Gare dauert etwa 1 bis 1½ Stunden bei 30 bis 32 °C. Diese Temperatur wird durch Anstellen der Backofenlampe erreicht.

5 Den Ofen rechtzeitig auf 240 °C vorheizen. Ein Backblech mit Backpapier belegen. Den Teigling vorsichtig darauf stürzen und auf die 2. Schiene von unten in den Backofen schieben, mit einer Blumenspritze heißes Wasser an die Ofenwände spritzen. Nach etwa 10 Minuten die Backofentür öffnen, um den restlichen Dampf abziehen zu lassen. Das Brot bei 240 °C 15 Minuten anbacken, bis die gewünschte Bräune erreicht ist. Dann die Temperatur auf 180 °C reduzieren und das Brot in weiteren 35 Minuten fertig backen.

6 Zur Kontrolle, ob das Brot fertig gebacken ist, auf die Unterseite klopfen. Es sollte schön hohl klingen.

7 Das fertige Brot auf einem Küchenrost auskühlen lassen.

FLOCKENBROT

Durch die Backzeitung eines hiesigen Bäckers, der sein gesamtes Sortiment auf »Natur pur« umgestellt hat, kam ich auf die Idee, eines seiner besten Brote, das Flockenbrot, nachzubacken. Es ist ein Weizenmischbrot mit einem Verhältnis von 81 Prozent Weizen- zu 19 Prozent Roggenmehl, relativ leicht nachzubacken, super lecker und sehr aromatisch.

FÜR DEN SAUERTEIG
56 g Roggenmehl 1150
56 g Wasser
6 g Roggenanstellgut, siehe Seite 10/11

FÜR DAS QUELLSTÜCK
54 g Sesam
54 g Sonnenblumenkerne
100 g Weizen- oder Roggenflocken
208 g heißes Wasser
14 g Salz

FÜR DEN HAUPTTEIG
Sauerteig
Quellstück
250 g Weizenmehl 550 oder T65
100 g Weizenvollkornmehl
150 g Wasser
10 g Hefe
1 TL flüssiges Backmalz

ZUM BESTREUEN
Roggen- oder Weizenflocken

ergibt 1 Brot von ca. 1 kg

1 Alle Zutaten für den Sauerteig klümpchenfrei vermischen und dann 16 Stunden bei Raumtemperatur (besser wären 26 °C) reifen lassen.

2 Sesam und Sonnenblumenkerne für das Quellstück in einer Pfanne ohne Fett anrösten, bis sie zu duften beginnen. Die Flocken sowie die Kerne mit dem heißen Wasser übergießen. Das Salz dazugeben und alles kurz durchrühren. 16 Stunden quellen lassen.

3 Alle Zutaten für den Hauptteig zusammen 7 Minuten in der Küchenmaschine kneten (mit der Hand sollte die Knetzeit mindestens 15 bis 20 Minuten betragen). Den Teig, abgedeckt mit Klarsichtfolie, 30 Minuten bei Raumtemperatur ruhen lassen.

4 Den Teig nochmals kneten, mit Wasser bestreichen und in Roggen- oder Weizenflocken wälzen. Mit dem Schluss nach oben in den gut bemehlten Garkorb legen und bei 32 °C etwa 1 Stunde gehen lassen (bei Raumtemperatur dauert das länger).

5 Den Backofen rechtzeitig auf 240 °C vorheizen.

6 Ein Backblech mit Backpapier belegen, den Teigling darauf stürzen, in der Mitte einschneiden und auf die 2. Schiene von unten in den Backofen schieben, mit einer Blumenspritze heißes Wasser an die Ofenwände spritzen. Nach etwa 10 Minuten die Backofentür öffnen, um den restlichen Dampf abziehen zu lassen. Das Brot zunächst 15 Minuten anbacken, dann die Temperatur auf 180 °C reduzieren und das Brot in weiteren 45 Minuten fertig backen.

7 Das fertige Brot auf einem Küchenrost auskühlen lassen.

ALTER FRITZ

Friederich II., bekannt als »der alte Fritz«, soll die Kartoffel in Preußen eingeführt haben. Ihm zu Ehren habe ich mein neuestes Rezept »Alter Fritz« genannt. Es wird mit dem Mohnheimer Salzsauerteig hergestellt. Das Außergewöhnliche bei diesem Brot sind die rohen geriebenen Kartoffeln. Sie sorgen dafür, dass das Brot lang frisch bleibt und geben ihm den typischen Geschmack. Es ist relativ leicht nachzubacken.

FÜR DEN MOHNHEIMER SALZSAUERTEIG
90 g Roggenmehl 1150
90 g Wasser
2 g Salz
18 g Roggenanstellgut, siehe Seite 10/11

FÜR DEN HAUPTTEIG
300 g Kartoffeln
Mohnheimer Salzsauerteig
30 g Roggenmehl 1150
480 g Weizenmehl 550 oder 812
18 g Hefe
13 g Salz
80 g Wasser
1 TL flüssiges Backmalz

ergibt 1 Brot von ca. 1 kg

1. Alle Zutaten für den Salzsauerteig klümpchenfrei verrühren und zunächst einige Stunden bei 35 °C, dann bei 22 °C reifen lassen. Das dauert insgesamt 15 bis 20 Stunden.

2. Die Kartoffeln für den Hauptteig schälen und fein reiben. Mit allen anderen Zutaten 6 bis 10 Minuten in der Küchenmaschine kneten (mit der Hand sollte die Knetzeit mindestens 20 Minuten betragen), bis sich der Teig vom Schüsselrand löst.

3. Den Teig, abgedeckt mit Klarsichtfolie, 30 Minuten bei Raumtemperatur gehen lassen. Danach rund formen und in den leicht bemehlten Garkorb legen, mit Klarsichtfolie abdecken. Die Gare dauert etwa 40 bis 50 Minuten bei 30 bis 35 °C. Man erreicht diese Temperatur durch Anstellen der Lampe im Backofen.

4. Den Backofen rechtzeitig auf 250 °C vorheizen. Ein Backblech mit Backpapier belegen.

5. Nach etwa 35 Minuten den Teig auf das Backblech stürzen, die Oberfläche einschneiden, nochmals gehen lassen.

6. Danach das Blech auf die 2. Schiene von unten in den Backofen schieben, und mit einer Blumenspritze heißes Wasser an die Ofenwände spritzen. Nach etwa 10 Minuten die Backofentür öffnen, um den restlichen Dampf abziehen zu lassen. Das Brot 15 Minuten anbacken, bis die gewünschte Bräune erreicht ist. Dann die Temperatur auf 200 °C reduzieren und das Brot in weiteren 45 Minuten fertig backen.

7. Das fertige Brot auf einem Küchenrost auskühlen lassen.

HAFERBROT

Durch die Diskussion im Brotbackforum über Haferbrot und durch die Anregung eines niederländischen Bäckers bei den Herrgottstaler Backtagen habe ich dieses Haferbrotrezept entwickelt. Es enthält zwar kein Hafermehl, aber Haferflocken. Die angerösteten Flocken sorgen für einen wunderbar kernigen Geschmack.

FÜR DEN SAUERTEIG
85 g Weizenmehl 550
85 g Wasser
9 g Weizenanstellgut, siehe Seite 10/11

FÜR DAS BRÜHSTÜCK
300 g kernige Haferflocken
600 g heißes Wasser

FÜR DEN HAUPTTEIG
Sauerteig
Brühstück
475 g Weizenmehl 550
120 g Roggenmehl 1150
200 g Wasser
21 g Salz
15 g Hefe
1 TL flüssiges Backmalz

FÜR DIE EISTREICHE
1 Ei
1 EL Milch

ZUM WÄLZEN
Haferflocken

ergibt 3 kleine Brote à 650 g

1. Alle Zutaten für den Sauerteig klümpchenfrei vermischen und dann, abgedeckt, 16 Stunden bei Raumtemperatur (besser wären 26 °C) reifen lassen.

2. Für das Brühstück die Haferflocken in einer Pfanne ohne Fett rösten, mit dem Wasser übergießen und zugedeckt ebenfalls 16 Stunden stehen lassen.

3. Alle Zutaten für den Hauptteig zusammen in der Küchenmaschine so lange kneten, bis sie sich zu einem homogenen, glatten Teig verbunden haben. Den Teig, abgedeckt, etwa 1½ Stunden bei Raumtemperatur gehen lassen.

4. Den Teig auf die bemehlte Arbeitsfläche geben, in drei gleich große Stücke schneiden, diese oval formen und, abgedeckt, 20 Minuten gehen lassen.

5. Das Ei mit der Milch verquirlen. Die Teigstücke damit bestreichen und in Haferflocken wälzen. Abdecken und erneut 20 Minuten gehen lassen.

6. Den Backofen rechtzeitig auf 240 °C vorheizen.

7. Ein Backblech mit Backpapier belegen. Die Oberfläche der ovalen Teigstücke mittig einschneiden und auf das Blech legen. Auf die 2. Schiene von unten in den Backofen schieben, mit einer Blumenspritze heißes Wasser an die Ofenwände spritzen. Nach etwa 10 Minuten die Backofentür öffnen, um den restlichen Dampf abziehen zu lassen. Die Brote 30 Minuten anbacken, bis sie die gewünschte Bräune erreicht haben. Dann die Temperatur auf 190 °C reduzieren und die Brote in weiteren 10 Minuten fertig backen.

8. Die Brote auf einem Küchenrost auskühlen lassen.

DOPPELBACK

Das Doppelback ist in unserer Gegend ein sehr beliebtes Brot. Es ist leicht zu backen und ganz köstlich. Es besteht zu 68 Prozent aus Weizenmehl 1050 und zu 32 Prozent aus Roggenmehl 1150. Man kann es sehr gut nur mit Sauerteig backen. Ich habe für dieses etwas Hefe hinzugefügt, weil sich dann die Gare besser kontrollieren lässt.

FÜR DEN SAUERTEIG
130 g Roggenmehl 1150
130 g Wasser
13 g Roggenanstellgut, siehe Seite 10/11

FÜR DEN HAUPTTEIG
Sauerteig
110 g Roggenmehl 1150
465 g Weizenmehl 1050
325 g Wasser
13 g Salz
10 g Hefe
8 g Färbemalz
1 TL flüssiges Backmalz

ergibt 1 Brot von ca. 1 kg

1. Alle Zutaten für den Sauerteig klümpchenfrei vermischen und dann 16 bis 18 Stunden bei Raumtemperatur (besser wären 26 °C) reifen lassen.

2. Alle Zutaten für den Hauptteig zusammen 7 Minuten in der Küchenmaschine kneten (mit der Hand sollte die Knetzeit mindestens 15 bis 20 Minuten betragen). Den Teig, abgedeckt mit Klarsichtfolie, 30 Minuten bei Raumtemperatur ruhen lassen.

3. Eine Kastenform (23 x 11 x 9,5 cm) gut mit Butter einfetten. Den Teig nochmals durchkneten, ein Oval formen und in die Form legen. Den Teig abdecken und so lange gehen lassen, bis er den Rand der Form erreicht hat (etwa 1 bis 2 Stunden).

4. Den Backofen rechtzeitig auf 250 °C vorheizen.

5. Das Brot auf einem Rost auf die 2. Schiene von unten in den Backofen stellen und mit einer Blumenspritze heißes Wasser an die Ofenwände spritzen. Nach etwa 10 Minuten die Backofentür öffnen, um den restlichen Dampf abziehen zu lassen. Das Brot 15 Minuten anbacken.

6. Dann die Temperatur auf 180 °C reduzieren und das Brot in weiteren 45 Minuten fertig backen. Das Brot aus der Form nehmen und erneut für 20 Minuten in den Backofen stellen, aber bei 180 °C Umluft. Das Brot bekommt so eine sehr rösche Kruste.

7. Das fertige Brot auf einem Küchenrost auskühlen lassen.

OLIVE LEVAIN

Es ist beachtlich, dass sich aus nur 8,5 Gramm Weizensauerteig so ein Ofentrieb entwickelt. Man erhält ein sehr leckeres Brot von außergewöhnlichem Geschmack.
Mein Tipp: Ich setze den Sauerteig um 19 Uhr des ersten Tages an und bereite am zweiten Tag gegen 11 Uhr den Hauptteig zu. Gegen 14 Uhr lege ich den Teig ins Garkörbchen. Am dritten Tag geht es morgens um 8 Uhr weiter: Der Teig muss akklimatisieren und kann dann gegen 10 Uhr in den Backofen.

FÜR DEN SAUERTEIG
85 g Weizenmehl 550
105 g Wasser
8,5 g Weizenanstellgut, siehe Seite 10/11

FÜR DEN HAUPTTEIG
Sauerteig
325 g Weizenmehl 550
45 g Weizenvollkornmehl
185 g Wasser
115 g schwarze entkernte Oliven
7 g Salz

ergibt 1 Brot von ca. 1 kg

1 Für den Sauerteig alle Zutaten klümpchenfrei verrühren, mit Frischhaltefolie abdecken und bei Raumtemperatur (besser wären 26 °C) über Nacht gehen lassen.

2 Für den Hauptteig den Sauerteig und alle anderen Zutaten, aber ohne Salz, 3 Minuten kneten, dann 30 Minuten abgedeckt ruhen lassen. Danach das Salz zugeben und wieder 3 Minuten kneten. Jetzt schließt sich eine Teigruhe von 2,5 Stunden an. In dieser Zeit 2 Zyklen strecken und falten („stretch and fold", siehe Seite 22/23) einlegen.

3 Den Teig zunächst rund und dann lang formen, in ein gut bemehltes Garkörbchen legen, dieses in einen leicht befeuchteten Plastiksack (Müllbeutel) geben und den Teig für 18 Stunden im Kühlschrank (+ 5 °C, mittleres Fach) reifen lassen.

4 Am nächsten Morgen den Teig aus dem Kühlschrank nehmen und 2 Stunden akklimatisieren lassen. Den Backofen auf 240 °C Ober- und Unterhitze vorheizen.

5 Das Brot aus dem Garkörbchen nehmen und auf ein Backblech legen. In den Ofen schieben und mit einer Blumenspritze heißes Wasser an die Ofenwände spritzen. Nach etwa 15 Minuten die Ofentür kurz öffnen und den restlichen Dampf abziehen lassen. Das Brot insgesamt 45 Minuten backen.

Olive Levain

Dunkle Partystangen, Seite 98

DUNKLE PARTYSTANGEN Foto Seite 97

Dieses Rezept habe ich entwickelt, um bei Festlichkeiten Abwechslung in den Brotkorb zu bekommen. Wir reichen die Partystangen bei einem Essen mit Freunden auch gerne als Amuse-Gueule mit Käsecreme oder Kräuterfrischkäse. Die verschiedenen Geschmacksvarianten sind ein Fest für den Gaumen. Hier sind der Fantasie keine Grenzen gesetzt. Ich kann nur sagen, einfach lecker!

Mein Tipp: Am Abend vor dem Backtag den Sauer- und den Vorteig herstellen. Am nächsten Morgen den Hauptteig zubereiten und die Teiglinge formen und backen.

FÜR DEN SAUERTEIG
180 g Roggenmehl 1150
180 g Wasser
18 g Roggenanstellgut, siehe Seite 10/11

FÜR DEN VORTEIG
150 g Weizenmehl 1050
150 g Wasser
1,5 g Frischhefe

FÜR DEN HAUPTTEIG
Sauerteig
Vorteig
330 g Weizenmehl 1050
180 g Roggenmehl 1150
210 g Wasser
10 g Frischhefe
15 g Salz
10 g Roggenmalzpulver (Internethandel)
1 TL flüssiges Backmalz (Internethandel)

1. Für den Sauerteig alles gut verrühren und abgedeckt bei Raumtemperatur (besser wären 26 °C) 15–18 Stunden reifen lassen.

2. Für den Vorteig alle Zutaten klümpchenfrei verrühren. Abgedeckt 2 Stunden gehen lassen, dann den Teig für 13–16 Stunden in den Kühlschrank (+ 5 °C, mittleres Fach) stellen.

3. Für den Hauptteig Sauerteig, Vorteig und alle anderen Zutaten in die Küchenmaschine geben und 5–7 Minuten kneten. Den Teig in 3 gleich schwere Portionen teilen. Zu einer Portion die Haselnüsse geben und nochmals 3 Minuten kneten, in die zweite Portion die Oliven einkneten und in die dritte Portion die Zwiebeln. Die Teigstücke abgedeckt 30 Minuten ruhen lassen.

FÜR DIE FÜLLUNG
50 g Haselnüsse
50 g gefüllte Oliven
50 g Röstzwiebeln

ZUM WÄLZEN
Roggenmehl

ergibt 6 Stangen

4 Die 3 Teigstücke rund formen, jedes Stück in zwei gleich schwere Hälften teilen und diese zu einer Rolle von ca. 30–40 cm formen (wie ein Baguette). In Roggenmehl wälzen und abgedeckt 75 Minuten bei Raumtemperatur gehen lassen. Den Backofen auf 250 °C Ober- und Unterhitze vorheizen.

5 Die Stangen auf ein Backblech legen, die Oberfläche quer einschneiden Mit einer Blumenspritze heißes Wasser an die Ofenwände spritzen. Nach etwa 15 Minuten Anbackzeit die Ofentür kurz öffnen und den restlichen Dampf abziehen lassen. Dann die Temperatur auf 180 °C reduzieren und die Stangen weitere 10 Minuten backen.

MÜSLIBRÖTCHEN

Foto auf Seite 171

Diese Brötchen sind wunderbar vielseitig: Sie schmecken pur, aber auch Käse, Marmelade und auch Wurst, die nicht so kräftig ist, eignen sich als Belag. Die Beeren geben den Müslibrötchen einen süßen Geschmack. Sie eignen sich dadurch auch gut ohne Butter und Belag als Proviant bei Wanderungen. Außerdem geben Rosinen und Cranberries mit ihrem Zuckeranteilen einen schnellen Energiekick.

Mein Tipp: Wenn man das Quellstück und den Sauerteig schon am Abend vorbereitet, ist das Formen und Backen der Brötchen eine ziemlich schnelle Angelegenheit. Nach 2 Stunden hat man frische Müslibrötchen auf dem Tisch.

FÜR DEN SAUERTEIG
75 g Roggenmehl 1150
60 g Wasser
8 g Roggenanstellgut (siehe Seite 10/11)

FÜR DAS QUELLSTÜCK
225 g warmes Wasser (ca. 60 °C)
75 g Dinkelflocken
75 g kernige Haferflocken

FÜR DEN HAUPTTEIG
Sauerteig Quellstück
250 g Weizenmehl 550
15 g Honig
10 g Frischhefe
10 g Salz
65 g Wasser
100 g Früchte- und Körner-Mischung

FÜR DIE FRÜCHTE- UND KÖRNER-MISCHUNG
20 g Rosinen
20 g Cranberries
25 g ganze Haselnüsse (geröstet)
25 g Sonnenblumenkerne (geröstet)
5 g Leinsamen
5 g Sesam (geröstet)

1 Für den Sauerteig alle Zutaten gut verrühren und abgedeckt 16–18 Stunden bei Raumtemperatur (besser wäre eine Temperatur von 26 °C) gehen lassen.

2 Für das Quellstück die Flocken mit dem Wasser übergießen und bis zum nächsten Morgen quellen lassen.

3 Für den Hauptteig den Sauerteig und das Quellstück mit den anderen Zutaten 5–7 Minuten in der Küchenmaschine kneten. Zuletzt die Früchte-Körner-Mischung hinzugeben und weitere 2 Minuten kneten. Den Teig abgedeckt 20 Minuten gehen lassen.

ZUM WÄLZEN
Sesam
Leinsamen
Dinkelflocken

ergibt 9 Brötchen

4 Danach den Teig durchkneten, mit dem Messer oder einem Teigabstecher 9 Teiglinge von ca. 110 g abstechen und zunächst rund, dann länglich formen. Mit Wasser bestreichen und in der Mischung aus Sesam, Leinsamen und Dinkelflocken wälzen. Die Oberfläche einschneiden und zum Gehen bei Raumtemperatur für ca. 60 Minuten zugedeckt auf Bäckerleinen legen. Den Backofen auf 230 °C Ober- und Unterhitze vorheizen

5 Die Brötchen auf das Backblech legen und in den Backofen schieben. Mit einer Blumenspritze heißes Wasser an die Ofenwände spritzen. Nach 10 Minuten die Ofentür kurz öffnen, um den restlichen Dampf abzulassen. Die Brötchen insgesamt ca. 16–18 Minuten backen. Sie sind gar, wenn man auf die Unterseite klopft und es schön hohl klingt. Die Brötchen auf einem Rost abkühlen lassen.

KASSLER

Dies ist ein altes, sehr bekanntes Brotrezept. In meiner Kindheit musste ich so ein Brot immer vom Bäcker holen und beim Nachhauseweg konnte ich nicht widerstehen, an einer Seite die Kruste abzubrechen und ein kleines Loch zu bohren, um an die frische Krume zu kommen. Meistens setzte es dann zu Hause ein kleines Donnerwetter.

FÜR DEN SAUERTEIG
165 g Roggenmehl 1150
130 g Wasser
17 g Roggenanstellgut, siehe Seite 10/11

FÜR DEN VORTEIG
170 g Weizenmehl 1050
170 g Wasser
2 g Hefe

FÜR DEN HAUPTTEIG
Sauerteig
Vorteig
170 g Roggenmehl 1150
170 g Weizenmehl 1050
150 g Wasser
13 g Salz
8 g Frischhefe

ergibt 1 Brot von ca. 1 kg

1. Alle Zutaten für den Sauerteig in einer Schüssel klümpchenfrei verrühren und bei Zimmertemperatur (besser wären 26 °C) mit Klarsichtfolie abgedeckt 16 Stunden gehen lassen.

2. Auch die Zutaten für den Vorteig in einer Schüssel klümpchenfrei verrühren und mit Klarsichtfolie abgedeckt 2 Stunden bei Raumtemperatur gehen lassen. Dann für 14 Stunden in den Kühlschrank (5 °C) stellen.

3. Alle Zutaten für den Hauptteig zusammen 7 Minuten in der Küchenmaschine kneten (mit der Hand sollte die Knetzeit mindestens 10 Minuten betragen), mit Klarsichtfolie abdecken und 30 Minuten bei Raumtemperatur gehen lassen. Den Teigling danach rund formen, in den gut bemehlten Gärkorb legen und mit Klarsichtfolie abdecken. Die Gare dauert etwa 1 Stunde bei 30 bis 32 °C. Man erreicht diese Temperatur durch Anstellen der Backofenlampe.

4. Den Backofen auf 250 °C vorheizen.

5. Ein Backblech mit Backpapier belegen. Den Teigling vorsichtig darauf stürzen, mit einer Gabel einstechen und mit einem Bäckerpinsel mit kaltem Wasser bestreichen. Das Blech dann auf die 2. Schiene von unten in den Backofen schieben, mit einer Blumenspritze heißes Wasser an die Ofenwände spritzen. Nach etwa 10 Minuten die Backofentür öffnen, um den restlichen Dampf abziehen zu lassen. Das Brot 15 Minuten anbacken, bis die gewünschte Bräune erreicht ist. Dann die Temperatur auf 180 °C reduzieren und das Brot in weiteren 40 Minuten fertig backen.

6. Zur Kontrolle, ob das Brot fertig gebacken ist, klopft man auf die Unterseite. Es sollte schön hohl klingen. Man kann auch mit einem Thermometer die Kerntemperatur messen. Sie sollte mindestens 93 °C betragen.

7. Das fertige Brot auf einem Küchenrost auskühlen lassen.

ROGGENMISCHBROT

Ein leichtes und sehr variables Rezept für Einsteiger und Anfänger. Der Vorteig verbessert die Teigeigenschaften, die Schnittfähigkeit der Krume, das Aroma und gewährt längere Frische. Man kann dieses Rezept sehr gut mit Sonnenblumenkernen, Nüssen und anderen Körnern verfeinern. Fans von Kümmel, Anis, Koriander, Fenchel können auch noch etwas Brotgewürz hinzufügen. Das bekommt man in einer gut sortierten Gewürzabteilung im Supermarkt oder im Internethandel.

FÜR DEN SAUERTEIG
205 g Roggenmehl 1150
205 g Wasser
20 g Roggenanstellgut, siehe Seite 10/11

FÜR DEN VORTEIG
265 g Weizenmehl 1050
250 g Wasser
3 g Hefe

FÜR DEN HAUPTTEIG
Sauerteig
Vorteig
200 g Roggenmehl 1150
7 g Frischhefe
15 g Salz

ergibt 1 Brot von ca. 1 kg

1 Alle Zutaten für den Sauerteig in einer Schüssel klümpchenfrei verrühren und bei Zimmertemperatur (besser wären 26 °C) mit Klarsichtfolie abgedeckt 16 Stunden reifen lassen.

2 Die Zutaten für den Vorteig in einer Schüssel klümpchenfrei verrühren, mit Klarsichtfolie abdecken und 2 Stunden bei Raumtemperatur gehen lassen. Die Masse dann für 14 Stunden in den Kühlschrank (5 °C) stellen.

3 Alle Zutaten für den Hauptteig 7 Minuten in der Küchenmaschine kneten (mit der Hand sollte die Knetzeit mindestens 10 Minuten betragen). Diesen Teig, abgedeckt mit Klarsichtfolie, bei Raumtemperatur 30 Minuten gehen lassen.

4 Den Teig dann rund formen und in den gut bemehlten Gärkorb legen. Mit Klarsichtfolie abgedeckt gehen lassen. Die Gare dauert etwa 1 Stunde bei 30 bis 32 °C. Man erreicht diese Temperatur durch Anstellen der Backofenlampe.

5 Den Backofen rechtzeitig auf 250 °C vorheizen.

6 Ein Backblech mit Backpapier belegen. Den Teigling vorsichtig darauf stürzen, einschneiden und auf die 2. Schiene von unten in den Backofen schieben. Mit einer Blumenspritze heißes Wasser an die Ofenwände spritzen. Nach etwa 10 Minuten die Backofentür öffnen, um den restlichen Dampf abziehen zu lassen. Das Brot 15 Minuten anbacken, bis die gewünschte

Bräune erreicht ist. Dann die Temperatur auf 180 °C reduzieren und das Brot in weiteren 40 Minuten fertig backen.

7 Zur Kontrolle, ob das Brot fertig gebacken ist, klopft man auf die Unterseite. Es sollte schön hohl klingen. Man kann auch mit einem Thermometer die Kerntemperatur messen. Sie sollte mindestens 93 °C betragen.

8 Das fertige Brot auf einem Küchenrost auskühlen lassen.

BUTTERMILCHBROT

Eigentlich mag ich Buttermilch überhaupt nicht. In diesem Brot schmeckt sie aber hervorragend. Die Milch flockt beim Erhitzen etwas aus, das hat aber keinen Einfluss auf den Geschmack. Die Mischung dieser Flocken mit den Körnern ergibt ein leckeres und kerniges Brot.

FÜR DEN SAUERTEIG
70 g Roggenmehl 1150
55 g Wasser
7 g Roggenanstellgut, siehe Seite 10/11

FÜR DAS QUELLSTÜCK
40 g Sonnenblumenkerne
90 g Roggenschrot mittel
40 g kernige Haferflocken
40 g Leinsamen
20 g Hirse
20 g Dinkelschrot
15 g Salz
250 g Buttermilch

FÜR DEN HAUPTTEIG
Sauerteig
Quellstück
240 g Weizenmehl 550
190 g Roggenmehl 1150
14 g Frischhefe
250 g Buttermilch

ZUM WÄLZEN
Haferflocken

ergibt 1 Brot von ca. 1 kg

1. Alle Zutaten für den Sauerteig klümpchenfrei verrühren und bei Zimmertemperatur (besser wären 26 °C) mit Klarsichtfolie abgedeckt 16 Stunden reifen lassen.

2. Die Sonnenblumenkerne für das Quellstück in einer Pfanne ohne Fett rösten, bis sie zu duften anfangen. Dann alle Zutaten außer der Buttermilch in einer großen Schüssel gut vermischen. Die Buttermilch erhitzen und über die Mischung geben. Mit Klarsichtfolie abdecken und 16 Stunden quellen lassen.

3. Alle Zutaten für den Hauptteig 7 Minuten in der Küchenmaschine kneten (mit der Hand sollten es mindestens 10 Minuten sein). Diesen Teig, abgedeckt mit Klarsichtfolie, bei Raumtemperatur 30 Minuten ruhen lassen. Den Teig dann rund formen, in den Haferflocken wälzen, in den gut bemehlten Gärkorb legen und mit Klarsichtfolie abdecken.

4. Die Gare dauert etwa 1 Stunde bei 32 °C. Man erreicht diese Temperatur durch Anstellen der Backofenlampe.

5. Den Backofen rechtzeitig auf 250 °C vorheizen.

6. Ein Backblech mit Backpapier belegen. Den Teigling vorsichtig darauf stürzen, von der Mitte her sternförmig einschneiden, auf die 2. Schiene von unten in den Backofen schieben, mit einer Blumenspritze heißes Wasser an die Ofenwände spritzen. Nach etwa 10 Minuten die Backofentür öffnen, um den restlichen Dampf abziehen zu lassen. Das Brot 15 Minuten anbacken, bis die gewünschte Bräune erreicht ist. Dann die Temperatur auf 180 °C reduzieren und das Brot in weiteren 40 Minuten fertig backen.

7 Zur Kontrolle, ob das Brot fertig gebacken ist, klopft man auf die Unterseite. Es sollte schön hohl klingen. Man kann auch mit einem Thermometer die Kerntemperatur messen. Sie sollte mindestens 93 °C betragen.

8 Das fertige Brot auf einem Küchenrost auskühlen lassen.

SCHROTBROT

Dies ist ein Rezept für ein kräftiges, kerniges Brot. Die gerösteten Kerne geben ihm einen feinen nussigen Geschmack.

FÜR DEN SAUERTEIG
100 g Roggenvollkornmehl
100 g Wasser
10 g Roggenanstellgut, siehe Seite 10/11

FÜR DEN VORTEIG
100 g Weizenmehl 1050
100 g Wasser
1 g Frischhefe

FÜR DAS QUELLSTÜCK
30 g Sonnenblumenkerne
30 g Kürbiskerne
150 g 5- oder 7-Kornschrot
210 g kochendes Wasser

FÜR DEN HAUPTTEIG
Sauerteig
Vorteig
Quellstück
140 g Weizenmehl 1050
120 g Roggenvollkornmehl
130 g Wasser
7 g Frischhefe
15 g Salz
7,5 g Roggenmalz

ZUM WÄLZEN
Schrot

ergibt 1 Brot von ca. 1 kg

1. Alle Zutaten für den Sauerteig in einer großen Schüssel verrühren und bei Zimmertemperatur, abgedeckt mit Klarsichtfolie, 16 Stunden reifen lassen.

2. Alle Zutaten für den Vorteig gut verrühren und abgedeckt 2 Stunden bei Raumtemperatur gehen lassen. Dann für 14 Stunden in den Kühlschrank (5 °C) stellen.

3. Die Kerne für das Quellstück in einer Pfanne ohne Fett anrösten. Mit dem Kornschrot vermengen und mit dem Wasser übergießen. Abdecken und 16 Stunden quellen lassen.

4. Alle Zutaten für den Hauptteig 7 Minuten in der Küchenmaschine kneten. Den Teig dann, abgedeckt mit Klarsichtfolie, 30 Minuten bei Raumtemperatur ruhen lassen. Danach rund wirken, den Teigling mit kaltem Wasser bestreichen, in Schrot wälzen, in den gut bemehlten Gärkorb legen und mit Klarsichtfolie abdecken.

5. Die Gare dauert etwa 1 Stunde bei 30 bis 32 °C. Dafür die Backofenlampe einschalten.

6. Den Backofen rechtzeitig auf 250 °C vorheizen.

7. Ein Backblech mit Backpapier belegen. Den Teigling darauf stürzen, einschneiden und auf die 2. Schiene von unten in den Backofen schieben, mit einer Blumenspritze heißes Wasser an die Ofenwände spritzen. Nach etwa 10 Minuten die Backofentür öffnen, um den restlichen Dampf abziehen zu lassen. Das Brot 15 Minuten bis zur gewünschten Bräune anbacken. Die Temperatur auf 180 °C reduzieren und das Brot in weiteren 40 Minuten fertig backen.

8. Zur Kontrolle, ob das Brot fertig gebacken ist, klopft man auf die Unterseite. Es sollte schön hohl klingen.

9. Das fertige Brot auf einem Küchenrost auskühlen lassen.

Sauerteigmischbrote und -brötchen

PFENNIGMUCKERLN Foto Seite 153

Der Name dieser bayerischen Brotzeitsemmeln stammt entweder vom früheren Preis oder von der Form der „geldrollenartig" aneinander gebackenen Vierer-, Fünfer- oder Sechserstangen. Durch den deutlichen Anteil an Roggenmehl sind sie sehr haltbar, trocknen wesentlich langsamer aus als Weizengebäck und müssen am nächsten Tag nicht einmal aufgebacken werden. Pfennigmuckerln passen hervorragend zu allen deftigen Sachen.

Mein Tipp: Wenn man schon am Nachmittag vor dem Backtag den Vorteig und den Sauerteig vorbereitet, geht das Formen und Backen der Semmeln am nächsten Morgen ziemlich schnelle.

FÜR DEN SAUERTEIG
120 g Roggenvollkornmehl
120 g Wasser
12 g Roggenanstellgut, siehe Seite 10/11

FÜR DEN VORTEIG
100 g Wasser
1 g Frischhefe
100 g Weizenmehl 1050

FÜR DEN HAUPTTEIG
Sauerteig
Vorteig
220 g Weizenmehl 1050
120 g Roggenmehl 1150
140 g Wasser
10 g Salz
8 g Roggenmalzpulver (Internethandel)
8 g Frischhefe
5 g gemahlener Kümmel
1 TL flüssiges Backmalz (Internethandel)

ZUM WÄLZEN
Roggenmehl

ergibt 3 × 4 Stück

1 Für den Sauerteig alle Zutaten gut verrühren und abgedeckt 12–16 Stunden bei Raumtemperatur gehen lassen.

2 Für den Vorteig ebenfalls alle Zutaten klümpchenfrei verrühren. 2 Stunden abgedeckt gehen lassen, bis sich kleine Bläschen auf dem Teig zeigen. Über Nacht (12–16 Stunden) in den Kühlschrank (+ 5 °C, mittleres Fach) stellen. Am nächsten Morgen aus dem Kühlschrank nehmen und 45 Minuten akklimatisieren lassen.

3 Für den Hauptteig den Sauerteig mit dem Vorteig und allen anderen Zutaten in der Küchenmaschine 5–7 Minuten kneten. Daran schließt sich eine Teigruhe von 30 Minuten an.

4 Dann sticht man 12 Teile à ca. 80–83 g ab. Die Teigstücke erst rund formen und dann etwas länglich rollen. Die Teiglinge in Roggenmehl wälzen und immer 4 (oder 5 oder 6) zusammen auf das Blech legen, dabei die Brötchen wie auf dem Foto immer etwas zueinander versetzen. Es sollten dabei Vierer-, Fünfer- oder Sechserstangen entstehen.

5 Die Teiglinge für 50–60 Minuten abgedeckt an einem warmen Ort gehen lassen. Den Backofen auf 240 °C Ober- und Unterhitze vorheizen.

6 Das Blech in den Ofen schieben und mit einer Blumenspritze heißes Wasser an die Ofenwände spritzen. Nach etwa 10 Minuten die Ofentür kurz öffnen und den restlichen Dampf abziehen lassen. Die Muckerln insgesamt 15–17 Minuten backen, bis sie kräftig goldbraun sind. Sie sind gar, wenn man auf die Unterseite klopft und es schön hohl klingt. Die Brötchen auf einem Rost abkühlen lassen.

OBAZDA

Bei diesem bayerischen Brötchen darf der typische Obazda nicht fehlen: Mit einer Gabel werden 250 g reifer Camembert mit 50 g Butter zerdrückt und eine fein gehackte Zwiebel, ½ TL edelsüßes Paprikapulver und eine Prise scharfes Paprikapulver sowie ein Schuss helles Bier untergearbeitet.

MILDES PADERBORNER LANDBROT

Einigen meiner Familienmitglieder war das Paderborner Landbrot zu kräftig. Deshalb haben wir mit diesem Weizenmischbrot eine Lightversion entwickelt. Es schmeckt hervorragend und geht durch den höheren Weizenmehlanteil schneller und höher auf als das »normale«.

FÜR DEN SAUERTEIG
150 g Roggenmehl 1150
150 g Wasser
15 g Roggenanstellgut, siehe Seite 10/11

FÜR DEN HAUPTTEIG
Sauerteig
135 g Roggenmehl, 1150
150 g Weizenvollkornmehl
160 g Weizenmehl 1050
355 g Wasser
12 g Salz
10 g Hefe

ergibt 1 Brot von ca. 1 kg

1. Alle Zutaten für den Sauerteig klümpchenfrei vermischen und abgedeckt 16 Stunden bei Raumtemperatur (besser wären 26 °C) reifen lassen. 15 g davon zum Anstellgut wieder zurückgeben.

2. Alle Zutaten für den Hauptteig zusammen in der Küchenmaschine 5 Minuten kneten (mit der Hand sollte der Vorgang mindestens 15 Minuten dauern), dann den Teig, abgedeckt, 30 Minuten bei Raumtemperatur ruhen lassen.

3. Eine Kastenform (23 x 11 x 9,5 cm) gut mit Butter einfetten.

4. Den Teig erneut weitere 5 Minuten kneten, ein Oval formen, in die Kastenform legen, mit einer Gabel die Oberfläche anstechen und den Teig, abgedeckt, bei Raumtemperatur etwa 1 Stunde gehen lassen, bis der Teig den Rand der Form erreicht hat.

5. Den Backofen rechtzeitig auf 250 °C vorheizen.

6. Die Form auf einem Rost auf die 2. Schiene von unten in den Backofen stellen, mit einer Blumenspritze heißes Wasser an die Ofenwände spritzen. Nach etwa 10 Minuten die Backofentür öffnen, um den restlichen Dampf abziehen zu lassen. Das Brot zunächst 15 Minuten anbacken, bis es die gewünschte Bräune erreicht hat.

7. Nach 15 Minuten die Temperatur auf 180 °C reduzieren und das Brot in 45 Minuten fertig backen. Das Brot aus der Form nehmen und für eine rösche Kruste erneut für 10 Minuten in den Backofen stellen, aber bei 180 °C Umluft und geöffneter Ofentür.

8. Das fertige Brot auf einem Küchenrost auskühlen lassen.

KÖRNER- UND SAATENBROT

Dieses Brot stammt aus der Zeit, als ich anfing zu backen und Verschiedenes ausprobiert habe. Wer sich ein bisschen Zeit nimmt und etwas herumprobiert, kann ziemlich schnell eigene Rezeptvarianten erstellen.

FÜR DEN SAUERTEIG
160 g Roggenmehl 1150
160 g Wasser
16 g Roggenanstellgut, siehe Seite 10/11

FÜR DAS QUELLSTÜCK
50 g Sesam
50 g Sonnenblumenkerne
150 g kochendes Wasser

FÜR DEN HAUPTTEIG
320 g Roggensauerteig
165 g Roggenmehl 1150
325 g Weizenmehl 1050
210 g Wasser
16 g Salz
50 g Leinsamen
10 g Frischhefe

ergibt 1 Brot von ca. 1 kg

1 Alle Zutaten für den Sauerteig in einer Schüssel gut miteinander verrühren und mit Klarsichtfolie abgedeckt bei Raumtemperatur (besser wären 26 °C) 16 bis 18 Stunden reifen lassen.

2 Sesam und Sonnenblumenkerne in einer Pfanne ohne Fett rösten. Mit dem kochenden Wasser übergießen und mindestens 2 Stunden quellen lassen.

3 Für den Hauptteig alle Zutaten 7 Minuten in der Küchenmaschine kneten (mit der Hand sollte die Knetzeit mindestens 10 Minuten betragen) und dann, abgedeckt mit Klarsichtfolie, 30 Minuten bei Raumtemperatur gehen lassen. Danach rund formen, in den gut bemehlten Gärkorb legen und mit Klarsichtfolie abdecken. Die Gare dauert etwa 1 Stunde bei 30 bis 32 °C. Man erreicht diese Temperatur durch Anstellen der Backofenlampe.

4 Den Backofen rechtzeitig auf 250 °C vorheizen.

5 Ein Backblech mit Backpapier belegen. Den Teigling vorsichtig darauf stürzen, einschneiden, das Blech auf die 2. Schiene von unten in den Backofen schieben, mit einer Blumenspritze heißes Wasser an die Ofenwände spritzen. Nach etwa 10 Minuten die Backofentür öffnen, um den restlichen Dampf abziehen zu lassen. Das Brot 15 Minuten anbacken, bis die gewünschte Bräune erreicht ist. Dann die Temperatur auf 180 °C reduzieren und das Brot in weiteren 40 Minuten fertig backen.

6 Zur Kontrolle, ob das Brot fertig gebacken ist, klopft man auf die Unterseite. Es sollte schön hohl klingen. Man kann auch mit einem Thermometer die Kerntemperatur messen. Sie sollte mindestens 93 °C betragen.

7 Das fertige Brot auf einem Küchenrost auskühlen lassen.

KERNIGES NUSSBROT

Bei diesem Rezept haben mich zunächst das Überbrühen der Nüsse und auch das Einlegen der Walnüsse in Rum stutzig gemacht. Nach 12 Stunden war von dem Wasser nichts mehr zu sehen und der Rum vollständig verschwunden. Bisher hatte ich immer gedacht, dass Nüsse keine Flüssigkeit aufnehmen. So täuscht man sich! Das Aroma und der Geschmack dieses Nussbrotes ist ganz hervorragend und passt sehr gut zu süßem, aber auch zu herzhaftem Belag. Erschrecken Sie nicht, wenn die Krume etwas lilafarbig wird, das kommt durch die Nüsse.

FÜR DEN SAUERTEIG
205 g Roggenmehl
205 g Wasser
20 g Roggenanstellgut, siehe Seite 10/11

FÜR DEN VORTEIG
265 g Weizenmehl 1050
250 g Wasser
3 g Frischhefe

FÜR DIE NUSSMISCHUNG
100 g Haselnüsse
35 g warmes Wasser
90 g Walnussbruch
3 EL Rum

FÜR DEN HAUPTTEIG
Sauerteig
Vorteig
200 g Roggenmehl 1150
15 g Salz
10 g Frischhefe

ergibt 1 Brot von ca. 1 kg

1 Alle Zutaten für den Sauerteig gut verrühren und bei Zimmertemperatur (besser wären 26 °C), abgedeckt mit Klarsichtfolie, 16 Stunden reifen lassen.

2 Alle Zutaten für den Vorteig gut verrühren, abdecken und 2 Stunden bei Raumtemperatur gehen lassen. Dann für 14 Stunden in den Kühlschrank (5 °C) stellen.

3 Die Haselnüsse in einer Pfanne ohne Fett anrösten, dann mit dem warmen Wasser übergießen. Die Walnüsse ebenfalls in einer Pfanne ohne Fett anrösten und mit dem Rum übergießen. Beides über Nacht quellen lassen.

4 Die Zutaten für den Hauptteig 5 Minuten in der Küchenmaschine kneten, dann die Nussmischungen vorsichtig untermengen. Den Teig, mit Klarsichtfolie abgedeckt, bei Raumtemperatur 30 Minuten ruhen lassen. Danach rund formen, in den gut bemehlten Gärkorb legen und mit Klarsichtfolie abdecken. Die Gare dauert etwa 1¼ Stunden bei 30 bis 32 °C. Man erreicht diese Temperatur durch Anstellen der Backofenlampe.

5 Den Backofen rechtzeitig auf 250 °C vorheizen.

6 Ein Backblech mit Backpapier belegen. Den Teigling darauf stürzen, mit Wasser bestreichen und auf die 2. Schiene von unten in den Backofen schieben. Mit einer Blumenspritze heißes Wasser an die Ofenwände spritzen. Nach etwa 10 Minuten die Backofentür öffnen, um den restlichen Dampf abziehen zu lassen. Das Brot 15 Minuten bis zur gewünschten Bräune

anbacken. Dann die Temperatur auf 180 °C reduzieren und das Brot in weiteren 40 Minuten fertig backen.

7   Zur Kontrolle, ob das Brot fertig gebacken ist, klopft man auf die Unterseite. Es sollte schön hohl klingen. Man kann auch mit einem Thermometer die Kerntemperatur messen. Sie sollte mindestens 93 °C betragen.

8   Das fertige Brot auf einem Küchenrost auskühlen lassen.

5-KORN-KRUSTE

Kennen Sie diesen Heißhunger auf ein richtig kräftiges Brot? Dieses schmeckt sehr gut mit jedem Belag, ob herzhaft oder süß. Das besonders Leckere bei diesem Brot ist die Knusperkruste. Ein wirklich leicht nachzubackendes Brot, das auch einem Einsteiger bestimmt gelingt.

FÜR DEN SAUERTEIG
120 g Roggenvollkornmehl
120 g Wasser
12 g Roggenanstellgut, siehe Seite 10/11

FÜR DEN VORTEIG
70 g Weizenmehl 1050
70 g Wasser
1 g Hefe

FÜR DAS BRÜHSTÜCK
40 g Sonnenblumenkerne
40 g Kürbiskerne
130 g 5-Korn-Schrot
3 g Salz
210 g kochendes Wasser

FÜR DEN HAUPTTEIG
Sauerteig
Vorteig
Brühstück
150 g Weizenmehl 1050
80 g Roggenvollkornmehl
86 g Wasser
13 g Salz
8 g Roggenmalz
8 g Hefe

ergibt 1 Brot von ca. 1 kg

1. Alle Zutaten für den Sauerteig klümpchenfrei vermischen, dann abgedeckt 16 bis 18 Stunden bei Raumtemperatur (besser wären 26 °C) reifen lassen.

2. Auch die Zutaten für den Vorteig klümpchenfrei verrühren und, abgedeckt, bei Raumtemperatur zunächst 2 Stunden reifen lassen. Dann in den Kühlschrank stellen und bei 5 °C 16 bis 18 Stunden reifen lassen.

3. Die Kerne für das Brühstück in einer Pfanne ohne Fett rösten, bis sie zu duften beginnen. Mit Schrot und Salz vermischen und mit dem Wasser übergießen, 16 Stunden stehen lassen.

4. Alle Zutaten für den Hauptteig zusammen in der Küchenmaschine 7 Minuten kneten. Den Teig, abgedeckt, 30 bis 45 Minuten bei Raumtemperatur ruhen lassen.

5. Eine Kastenform (23 x 11 x 9,5 cm) gut mit Butter einfetten.

6. Den Teig erneut weitere 5 Minuten kneten, ein Oval formen, die Oberfläche mit Wasser bestreichen und in 5-Korn-Schrot wälzen. Dann in die Kastenform legen und abgedeckt bei Raumtemperatur etwa 2 bis 2½ Stunden gehen lassen, bis der Teig den Rand der Form erreicht hat. Den Backofen rechtzeitig auf 250 °C vorheizen.

7. Die Form auf einem Rost auf die 2. Schiene von unten in den Backofen stellen, mit einer Blumenspritze heißes Wasser an die Ofenwände spritzen. Nach etwa 10 Minuten die Backofentür öffnen, um den restlichen Dampf abziehen zu lassen. Das Brot 15 Minuten anbacken. Dann die Temperatur auf 180 °C reduzieren und das Brot in weiteren 45 Minuten fertig backen. Das Brot aus der Form nehmen und für eine rösche Kruste erneut für 15 Minuten in den Backofen stellen, aber bei 180 °C und Umluft.

8. Das fertige Brot auf einem Küchenrost auskühlen lassen.

Sauerteigmischbrote und -brötchen

FRÄNZCHEN

Foto Seite 179

Ich habe dieses 5-Korn-Roggenbrötchen aus Düsseldorf von der Bäckerei Hinkel mitgebracht. Ich fand den Namen und auch die dreieckige Form sehr ausgefallen und lustig. Das 5-Korn-Schrot gibt den Brötchen eine kräftige und sehr knusprige Kruste.
Mein Tipp: Am Abend vor dem Backtag den Sauerteig, den Vorteig und das Quellstück fertig machen. Am nächsten Morgen ist das Backen dann keine große Sache mehr.

FÜR DEN SAUERTEIG
120 g Wasser
12 g Roggenanstellgut, siehe Seite 10/11
120 g Roggenvollkornmehl

FÜR DEN VORTEIG
100 g Wasser
1 g Frischhefe
100 g Weizenmehl 1050

FÜR DAS QUELLSTÜCK
150 g 5-Korn-Schrot
40 g Sonnenblumenkerne, geröstet und grob zerkleinert
40 g Kürbiskerne, geröstet und grob zerkleinert
220 g kochendes Wasser

FÜR DEN HAUPTTEIG
Sauerteig
Vorteig
Quellstück
220 g Weizenmehl 1050
120 g Roggenmehl 1150
140 g Wasser
5 g Frischhefe
18 g Salz
5 g Roggenmalz (Internethandel)

ergibt 12 Fränzchen

1. Für den Sauerteig alle Zutaten gut vermischen und abgedeckt 16 Stunden bei Raumtemperatur reifen lassen.

2. Für den Vorteig alle Zutaten glatt rühren und ebenfalls abgedeckt 16 Stunden bei Raumtemperatur reifen lassen.

3. Für das Quellstück die Kornmischung mit dem kochenden Wasser übergießen und ebenfalls abgedeckt 16 Stunden quellen lassen.

4. Für den Hauptteig Sauer- und Vorteig, das Quellstück und alle anderen Zutaten 7 Minuten in der Küchenmaschine zu einem glatten Teig verkneten. Abgedeckt 30 Minuten ruhen lassen.

5. Jetzt wird der Teig rund geformt und anschließend auf der bemehlten Arbeitsfläche gleichmäßig ca. 1 cm dick ausgerollt. Nun gleich große Quadrate mit ca. 10 cm Seitenlänge ausstechen und diese diagonal in 2 Dreiecke schneiden. Die Dreiecke mit Wasser bepinseln, im 5-Korn-Schrot wälzen und auf das Backblech legen. Abgedeckt 75–90 Minuten gehen lassen. Den Backofen auf 250 °C Ober- und Unterhitze vorheizen.

6 Das Backblech in den Ofen schieben und mit einer Blumenspritze heißes Wasser an die Ofenwände spritzen. Nach etwa 10 Minuten die Ofentür kurz öffnen und den restlichen Dampf abziehen lassen. Die Brötchen 10 Minuten anbacken, dann die Temperatur auf 230 °C reduzieren und die Fränzchen in weiteren 10 Minuten fertig backen. Sie sind gar, wenn man auf die Unterseite klopft und es schön hohl klingt. Die Brötchen auf einem Rost abkühlen lassen..

DINKELBRÖTCHEN

Dinkel ist die Diva unter den Getreiden. Diese Brötchen bestehen aber nicht nur aus Dinkelmehl, 10 Prozent der erforderlichen Mehlmenge habe ich durch Roggenmehl 1150 ersetzt – für einen kernigeren Geschmack.
Mein Tipp: Am Morgen vor dem Backtag den Vorteig und den Sauerteig ansetzen. Abends den Hauptteig herstellen. Am nächsten Morgen die Brötchen nur noch formen, gehen lassen und backen.

FÜR DEN VORTEIG
330 g Wasser
3,5 g Frischhefe
300 g Dinkelmehl 630
30 g Roggenmehl 1150

FÜR DEN SAUERTEIG
100 g Dinkelmehl 630
70 g Wasser
10 g Weizenanstellgut, siehe Seite 10/11

FÜR DEN HAUPTTEIG
Vorteig
Sauerteig
600 g Dinkelmehl 630
70 g Roggenmehl 1150
270 g Wasser
4 g Frischhefe
1 EL flüssiges Backmalz (Internethandel)
20 g Salz

ZUM WÄLZEN
5 EL Sesam
5 EL Leinsamen
5 EL Sonnenblumenkerne

ergibt 18 Brötchen

1 Für den Vorteig alles klümpchenfrei verrühren und abgedeckt 2 Stunden bei Raumtemperatur ruhen lassen, dann für weitere 8–12 Stunden in den Kühlschrank (+ 5 °C, Mitte) stellen.

2 Für den Sauerteig alle Zutaten gut verrühren und abgedeckt bei Raumtemperatur 12 Stunden reifen lassen.

3 Für den Hauptteig alle Zutaten bis auf das Salz 10–15 Minuten in der Küchenmaschine kneten und erst 2 Minuten vor Schluss das Salz zugeben. Den fertigen Teig über Nacht (12 Stunden) in den Kühlschrank stellen.

4 Am nächsten Morgen vom Teig 90 g-Portionen abwiegen und rund formen. Mit Wasser bepinseln und in der Saatenmischung wälzen. Die Teiglinge auf Bäckerleinen (siehe Seite 19) legen und abgedeckt 2 Stunden gehen lassen. Den Backofen auf 230 °C Ober- und Unterhitze vorheizen.

5 Die Teiglinge auf Backbleche legen und mit dem Brötchendrücker stempeln. In den Backofen schieben und mit einer Blumenspritze heißes Wasser an die Ofenwände spritzen. Nach etwa 10 Minuten die Ofentür kurz öffnen und den restlichen Dampf abziehen lassen. Die Brötchen 17–20 Minuten backen. Sie sind gar, wenn man auf die Unterseite klopft und es hohl klingt. Auf einem Rost abkühlen lassen.

Mohn- und Sesambrötchen, Rezept Seite 176

Dinkelbrötchen

KRÄFTIGES WEISSBROT

Weil meine Frau mich gebeten hat, mal etwas zu backen, das einfach ist und auch gut schmeckt, habe ich das nachfolgende Rezept entwickelt. Das Brot ist sehr feinporig, ähnlich wie ein Toastbrot. Durch Vorteig und Sauerteig hat es einen feinen, leckeren Geschmack.

FÜR DEN SAUERTEIG
65 g Weizenmehl 550
65 g Wasser
7 g Weizenanstellgut, siehe Seite 10/11

FÜR DEN VORTEIG
100 g Weizenmehl 550
100 g Dinkelmehl 630
50 g Roggenmehl 1150
250 g Wasser
3 g Hefe

FÜR DEN HAUPTTEIG
Sauerteig
Vorteig
160 g Weizenmehl 550
160 g Dinkelmehl 630
20 g Roggenmehl 1150
85 g Wasser
12 g Salz
8 g Hefe

ergibt 1 Brot von ca. 1 kg

1. Die Zutaten für den Sauerteig gut vermengen und abgedeckt 16 Stunden bei 26 °C stehen lassen.

2. Alle Zutaten des Vorteigs gut vermengen, glatt rühren, abdecken und 2 Stunden bei Raumtemperatur anspringen lassen. Danach für 14 Stunden in den Kühlschrank stellen.

3. Alle Zutaten für den Hauptteig in die Küchenmaschine geben und etwa 15 Minuten kneten, bis ein homogener Teig entstanden ist.

4. Den Teig 30 Minuten ruhen lassen, dann mit der Hand noch einmal kurz durchkneten, rund formen und in den gut bemehlten Gärkorb legen. Mit Klarsichtfolie abdecken und etwa 1 Stunde im Backofen gehen lassen. Die Gare dauert etwa 1 bis 1½ Stunden bei 30 bis 32 °C. Man erreicht diese Temperatur durch Anstellen der Backofenlampe.

5. Den Backofen rechtzeitig auf 230 °C vorheizen.

6. Ein Backblech mit Backpapier belegen. Den Teigling vorsichtig darauf stürzen, einschneiden und auf die 2. Schiene von unten in den Backofen schieben. Mit einer Blumenspritze heißes Wasser an die Ofenwände spritzen. Nach etwa 10 Minuten die Backofentür öffnen, um den restlichen Dampf abziehen zu lassen. Das Brot bei 230 °C in 55 Minuten fertig backen.

7. Zur Kontrolle, ob das Brot fertig gebacken ist, klopft man auf die Unterseite. Es sollte schön hohl klingen. Man kann auch mit einem Thermometer die Kerntemperatur messen. Sie sollte mindestens 93 °C betragen.

8. Das fertige Brot auf einem Küchenrost auskühlen lassen.

LANDBROT MIT GESÄUERTEM VORTEIG

Zur Grillzeit werden wieder vermehrt Weizen- und Weißbrote, Baguettes und Fladenbrote gebacken. Nach mehreren Versuchen ist dieses köstliche Landbrot dabei herausgekommen. Es wird mit gesäuertem Vorteig gebacken.

FÜR DEN VORTEIG
200 g Weizenmehl 550
65 g Dinkelmehl 630
65 g Dinkelvollkornmehl
200 g Wasser
6 g Salz
10 g Weizenanstellgut, siehe Seite 10/11

FÜR DEN HAUPTTEIG
325 g Weizenmehl 550
290 g Wasser
6 g Salz
5 g Frischhefe
Vorteig

ergibt 1 Brot von ca. 1 kg

1. Alle Zutaten für den Vorteig in der Küchemaschine 5 Minuten kneten und in eine leicht geölte Schüssel geben. Den Teig bei Zimmertemperatur (besser wären 26 °C), abgedeckt mit Klarsichtfolie, 16 Stunden reifen lassen.

2. Für den Hauptteig Mehl, Wasser, Salz und Hefe ohne den Vorteig 4 Minuten kneten und dann den Vorteig in Stücken dazu geben. Insgesamt beträgt die Knetzeit 20 Minuten.

3. Den Teig dann falten: Dafür den Teig zu einem Quadrat drücken, alle Ecken in die Mitte schlagen und den Vorgang zweimal wiederholen, siehe auch Seite 22/23. Danach muss der Teig 50 Minuten ruhen. Dann wird er wieder gefaltet und braucht erneut 50 Minuten Ruhe. Anschließend rund wirken und in den gut ausgemehlten Gärkorb geben. Die Gare sollte für 1½ Stunden bei Raumtemperatur erfolgen.

4. Den Backofen rechtzeitig auf 230 °C vorheizen.

5. Ein Backblech mit Backpapier belegen. Den Teigling darauf stürzen, einschneiden und auf die 2. Schiene von unten in den Backofen schieben. Mit einer Blumenspritze heißes Wasser an die Ofenwände spritzen. Nach etwa 10 Minuten die Backofentür öffnen, um den restlichen Dampf abziehen zu lassen. Das Brot 15 Minuten anbacken, bis die gewünschte Bräune erreicht ist. Dann die Temperatur auf 180 °C reduzieren und das Brot in weiteren 35 Minuten fertig backen.

6. Zur Kontrolle, ob das Brot fertig gebacken ist, klopft man auf die Unterseite. Es sollte schön hohl klingen. Man kann auch mit einem Thermometer die Kerntemperatur messen. Sie sollte mindestens 93 °C betragen.

7. Das fertige Brot auf einem Küchenrost auskühlen lassen.

DINKELBROT

Schon Hildegard von Bingen hielt Dinkel für das beste Korn. Dinkel, die Diva unter den Getreidesorten, habe ich bisher nur immer als Beimenge für bestimmte Gebäcke eingesetzt. Jetzt wollte ich aber mal ein reines Dinkelbrot backen. Nicht hundertprozentig, denn für einen kernigeren Geschmack habe ich 10 Prozent der Mehlmenge durch Roggenmehl 1150 ersetzt. Der Geschmack spricht für sich, da schaut man dann auch nicht auf den fast doppelt so hohen Preis wie für Weizenmehl.

FÜR DEN SAUERTEIG
65 g Dinkelmehl 630
50 g Wasser
7 g Weizenanstellgut, siehe Seite 10/11

FÜR DEN VORTEIG
200 g Dinkelmehl 630
20 g Roggenmehl 1150
220 g Wasser
2,5 g Hefe

FÜR DEN HAUPTTEIG
Sauerteig
Vorteig
400 g Dinkelmehl 630
50 g Roggenmehl 1150
180 g Wasser
4 g Hefe
14 g Salz

ergibt 1 Brot von ca. 1 kg

1 Alle Zutaten für den Sauerteig in einer Schüssel klümpchenfrei verrühren und bei Zimmertemperatur (besser wären 26 °C), mit Klarsichtfolie abgedeckt, 16 Stunden reifen lassen.

2 Die Zutaten für den Vorteig in einer Schüssel ebenfalls klümpchenfrei verrühren und mit Klarsichtfolie bedeckt 2 Stunden bei Raumtemperatur gehen lassen. Dann für 14 Stunden in den Kühlschrank (5 °C) stellen.

3 Alle Zutaten für den Hauptteig bis auf das Salz 10 bis 15 Minuten in der Küchenmaschine kneten und erst zuletzt das Salz zugeben. Diesen Teig in einer großen Schüssel, abgedeckt mit Klarsichtfolie, über Nacht in den Kühlschrank stellen. Am nächsten Morgen den Teig bei Raumtemperatur mindestens 1 Stunde ruhen lassen.

4 Den Teigling dann rund formen und in den gut bemehlten Gärkorb geben. Die Gare dauert etwa 1 bis 1½ Stunden bei 30 bis 32 °C. Man erreicht diese Temperatur durch Anstellen der Backofenlampe.

5 Den Backofen rechtzeitig auf 230 °C vorheizen.

6 Ein Backblech mit Backpapier belegen. Den Teigling vorsichtig darauf stürzen, einschneiden und auf die 2. Schiene von unten in den Backofen schieben. Mit einer Blumenspritze heißes Wasser an die Ofenwände spritzen. Nach etwa 10 Minuten die Backofentür öffnen, um den restlichen Dampf abziehen

zu lassen. Das Brot 15 Minuten bis zur gewünschten Bräune anbacken. Dann die Temperatur auf 180 °C reduzieren und das Brot in weiteren 40 Minuten fertig backen.

7 Zur Kontrolle, ob das Brot fertig gebacken ist, klopft man auf die Unterseite. Es sollte schön hohl klingen. Man kann auch mit einem Thermometer die Kerntemperatur messen. Sie sollte mindestens 93 °C betragen.

8 Das fertige Brot auf einem Küchenrost auskühlen lassen.

Roggen-Dinkel-Mischbrot

ROGGEN-DINKEL-MISCHBROT

Beim Backen eines Dinkelbrots muss man aufpassen, dass der Teig nicht überknetet wird. Wenn das passiert ist, merkt man es daran, dass der Teig auseinanderlaufen will. Doch bei einer Knetzeit von 7 Minuten braucht man keine Angst davor zu haben.

FÜR DEN SAUERTEIG
180 g Roggenmehl 1370
180 g Wasser
18 g Roggenanstellgut, siehe Seite 10/11

FÜR DEN VORTEIG
150 g Dinkelmehl 630
150 g Wasser
1,5 g Frischhefe

FÜR DEN HAUPTTEIG
Sauerteig
Vorteig
165 g Roggenmehl 1370
190 g Dinkelmehl 630
100 g Wasser
14 g Salz
8 g Frischhefe

ergibt 1 Brot von ca. 1 kg

1. Alle Zutaten für den Sauerteig in einer großen Schüssel klümpchenfrei verrühren und bei Zimmertemperatur (besser wären 26 °C), mit Klarsichtfolie abgedeckt, 16 Stunden reifen lassen.

2. Für den Vorteig die Zutaten in einer Schüssel klümpchenfrei verrühren, mit Klarsichtfolie abdecken und 2 Stunden bei Raumtemperatur gehen lassen. Dann für 14 Stunden in den Kühlschrank (5 °C) stellen.

3. Alle Zutaten für den Hauptteig 7 Minuten in der Küchenmaschine kneten (mit der Hand sollte die Knetzeit mindestens 10 Minuten betragen). Den Teig, abgedeckt mit Klarsichtfolie, 30 Minuten bei Raumtemperatur ruhen lassen. Dann rund formen und in den gut bemehlten Gärkorb legen, mit Klarsichtfolie abdecken. Die Gare dauert etwa 1 Stunde bei 30 bis 32 °C. Man erreicht diese Temperatur durch Anstellen der Backofenlampe.

4. Den Backofen rechtzeitig auf 250 °C vorheizen.

5. Ein Backblech mit Backpapier belegen. Den Teigling vorsichtig darauf stürzen und auf die 2. Schiene von unten in den Backofen schieben. Mit einer Blumenspritze heißes Wasser an die Ofenwände spritzen. Nach etwa 10 Minuten die Backofentür öffnen, um den restlichen Dampf abziehen zu lassen. Das Brot 15 Minuten anbacken, bis die gewünschte Bräune erreicht ist. Dann die Temperatur auf 180 °C reduzieren und das Brot in weiteren 40 Minuten fertig backen.

6. Zur Kontrolle, ob das Brot fertig gebacken ist, klopft man auf die Unterseite. Es sollte schön hohl klingen. Man kann auch mit einem Thermometer die Kerntemperatur messen. Sie sollte mindestens 93 °C betragen.

7. Das fertige Brot auf einem Küchenrost auskühlen lassen.

SAATENSONNE

In einem verregneten Sommer muss man sich die Sonne einfach in Form eines Brotes ins Haus holen. So ist diese Saatensonne entstanden. Ein sehr leckeres Brot, der Geschmack wird stark durch den gerösteten Sesam beeinflusst.

FÜR DEN SAUERTEIG
75 g Roggenmehl 1150
60 g Wasser
10 g Roggenanstellgut, siehe Seite 10/11

FÜR DAS BRÜHSTÜCK
60 g Sonnenblumenkerne
40 g Sesam
40 g Leinsamen
140 g heißes Wasser

FÜR DEN HAUPTTEIG
Sauerteig
Brühstück
40 g Roggenmehl 1150
250 g Weizenmehl T65 oder 550
200 g Dinkelvollkornmehl
260 g Wasser
13 g Hefe
12 g Salz
1 TL flüssiges Backmalz

ZUM WÄLZEN
Sonnenblumenkerne, Sesam und Leinsamen

ergibt 1 Brot von ca. 1 kg

1. Alle Zutaten für den Sauerteig gut verrühren, mit Klarsichtfolie abdecken und bei Raumtemperatur (besser wären 26 °C) 16 Stunden reifen lassen.

2. Für das Brühstück Sonnenblumenkerne und Sesam in einer Pfanne ohne Fett rösten, bis sie zu duften anfangen. Alle Saaten mit dem Wasser übergießen und 1 bis 2 Stunden quellen lassen.

3. Alle Zutaten für den Hauptteig zusammen 7 Minuten in der Küchenmaschine kneten (mit der Hand sollte die Knetzeit mindestens 12 Minuten betragen). Den Teig, abgedeckt mit Klarsichtfolie, 30 Minuten bei Raumtemperatur ruhen lassen.

4. Danach den Teig rund wirken. Die Oberfläche mit Wasser bepinseln und in einer Saatenmischung (je ⅓ Sonnenblumenkerne, Leinsamen und Sesam) wälzen, dann in den gut bemehlten Garkorb legen. Mit Klarsichtfolie abdecken. Die Gare dauert etwa 1¼ Stunden bei 30 bis 32 °C. Man erreicht diese Temperatur durch Anstellen der Backofenlampe. Den Backofen rechtzeitig auf 250 °C vorheizen.

5. Ein Backblech mit Backpapier belegen. Den Teig vorsichtig darauf stürzen, einschneiden, auf die 2. Schiene von unten in den Backofen schieben, mit einer Blumenspritze heißes Wasser an die Ofenwände spritzen. Nach etwa 10 Minuten die Backofentür öffnen, um den restlichen Dampf abziehen zu lassen. Das Brot 15 Minuten anbacken, bis die gewünschte Bräune erreicht ist. Dann die Temperatur auf 180 °C reduzieren und das Brot in weiteren 45 Minuten fertig backen.

6. Zur Kontrolle, ob das Brot fertig gebacken ist, klopft man auf die Unterseite. Es sollte schön hohl klingen. Oder mit einem Thermometer die Kerntemperatur messen. Sie sollte mindestens 93 °C betragen. Das Brot auf einem Küchenrost auskühlen lassen.

Hefeteigbrote
Hefeteigbrötchen

OSTERKRANZ

In manchen Gegenden ist es Brauch, bunte Ostereier an einen Strauch oder Baum zu binden. In unserer Gegend ist der Osterkranz alter Brauch; er besteht aus einem Hefeteig mit direkter Führung und wird oft mit Marzipan, Rosinen, Mandelsplittern oder Mohn gefüllt. Ich habe mich hier für eine Rosinen-Mandel-Beigabe entschieden. Der Kranz wird mit drei Strängen geflochten, die Länge der Stränge von 85 cm erschwert das Flechten allerdings ein bisschen. Man kann den Kranz in 4 Stunden fertig haben. Außer den Gärzeiten gibt es keinerlei Wartezeiten.

FÜR DEN HAUPTTEIG
100 g Milch, 3,5 % Fett
10 g Frischhefe
1 TL + 50 g Zucker
1 Vanilleschote
3 Eier, Größe M
500 g Weizenmehl Type 550
5 g Salz
75 g Rosinen
75 g Mandelstifte, geröstet
100 g weiche Butter

FÜR DIE EISTREICHE
1 Eigelb
1 EL Milch
1 Prise Salz
1 Prise Zucker

AUSSERDEM
Hagelzucker

ergibt 1 Kranz à 1 kg

1. Die Milch mit der Hefe und einem gestrichen TL Zucker verrühren und abgedeckt an einem warmen Ort 30 Minuten gehen lassen.

2. Den restlichen Zucker mit dem ausgekratzten Vanillemark gut verrühren.

3. Wenn die Hefemilch leicht schaumig geworden ist, mit den Eiern verquirlen und in der Küchenmaschine mit dem Mehl zu einem groben Teig verarbeiten. Beim ersten Kneten den Vanillezucker und später Salz, Rosinen und Mandelstifte zugeben. Wenn der Teig sich zu formen beginnt, die Butter in kleinen Stücken zugeben (gibt man die Butter vorher dazu, behindert das Fett die Bildung des Klebergerüstes, das für die Form und die Konsistenz aber wichtig ist). 15 Minuten kneten, bis ein wirklich glatter Teig entstanden ist. Den Teig abgedeckt bei 22 °C 60 Minuten gehen lassen.

4. Danach den Teig zum Entgasen flach drücken, strecken und falten („stretch and fold", siehe Seite 22/23) und abgedeckt nochmals 60 Minuten gehen lassen.

5. Nach der Ruhezeit den Teig in 3 gleich schwere Stücke teilen und gut durchkneten. Die Teigteile 10 Minuten ruhen lassen, dann jedes Stück zu einem 85 cm langen, gleichmäßig dicken Strang ausrollen (ca. 1,5 cm Durchmesser). Zwischendurch immer wieder die Stränge entspannen, also für ein paar Minuten ruhen lassen. Vorsicht, überdehnen Sie die Stränge nicht, sonst reißen sie.

6 Dann die Stränge zum Zopf flechten und den zu einem Kranz formen, die Enden zusammendrücken. Den Kranz auf ein Backblech legen und abgedeckt 60 Minuten gehen lassen. Den Backofen auf 200 °C Ober- und Unterhitze vorheizen.

7 Für die Eistreiche alle Zutaten gut miteinander verquirlen. Den Kranz damit bestreichen und mit Hagelzucker bestreuen. Das Blech in den Ofen schieben und den Kranz 15 Minuten bei 200 °C anbacken, dann die Temperatur auf 150 °C reduzieren und ihn weitere 30 Minuten backen.

BUTTERCROISSANTS siehe Foto Seite 171

Vor Blätterteig habe ich enormen Respekt. Ihn zu machen ist nicht ganz einfach, sehr zeitaufwendig und fordert viel Geduld, aber es lohnt sich wirklich. Man muss sich aber einige Zutaten vorher besorgen, z. B. kleberstarkes Weizenmehl 550 oder das französische Weizenmehl T55. Man kann auch Weizenkleber zusätzlich zugeben. Die Croissants sind zart splittrig und von einem exzellenten Geschmack.

Mein Tipp: Für die Croissants sollte man 3 Tage rechnen: am 1. Tag wird abends der Vorteig angesetzt, am 2. Tag wird vormittags der Hauptteig zubereitet und am 3. Tag wird gebacken.

FÜR DEN VORTEIG
150 g kleberstarkes Weizenmehl 550 (ich habe französisches Mehl T55 genommen, Internethandel)
150 g Wasser
1,5 g Frischhefe

FÜR DEN HAUPTTEIG
Vorteig
400 g kleberstarkes Weizenmehl 550 (ich habe 300 g französisches Mehl T55 und 100 g Manitoba-Mehl genommen, Internethandel)
125 g kalte Milch
18 g Frischhefe
55 g feiner Zucker
40 g weiche Süßrahmbutter
11 g Salz

FÜR DIE BUTTERPLATTE
300 g gut gekühlte Süßrahmbutter

FÜR DIE EISTREICHE
2 Eigelbe
1 TL Wasser
1 gute Prise Salz
1 gute Prise Zucker

ergibt 12 Croissants

1. Für den Vorteig alles gut verrühren und bei Raumtemperatur 2 Stunden gehen lassen. Dann abgedeckt für 14 Stunden in den Kühlschrank (+ 5 °C, mittleres Fach) stellen.

2. Für den Hauptteig den Vorteig und alle Zutaten 15 Minuten mit der Küchenmaschine zu einem homogenen Teig verkneten. Anschließend 60 Minuten im Kühlschrank ruhen lassen.

3. Für die Butterplatte die Butter etwas bemehlen, auf einer Frischhaltefolie zu einer Platte von 0,8 cm Dicke ausrollen und für 60 Minuten in den Kühlschrank stellen.

4. Danach den Teig doppelt so groß wie die Butterplatte ausrollen und die Butterplatte auf eine Hälfte legen. Die andere Hälfte darüberschlagen und die Ränder gut verschließen.

5. Den Teig nochmals etwas ausrollen und die schmalere Seite des Rechtecks zu einem Drittel einschlagen und das untere Drittel darüber schlagen (das nennt man eine einfache Tour). Den Teig vorsichtig wieder zu einem Rechteck ausrollen und für 90 Minuten in den Kühlschrank stellen.

6. Diese Prozedur 3-mal wiederholen. Den Teig dabei nicht unter 0,8 cm ausrollen, sonst reißen die Lagen. Zuletzt den Teig auf eine Stärke von ca. 0,3 cm ausrollen und mit einem scharfen Messer Dreiecke ausschneiden (am besten geht es, wenn Sie sich eine Schablone machen: lange Seite 15 cm, kurze Seite 10 cm).

7 Nun die Dreiecke etwas in die Breite und dann in die Länge ziehen, von der breiten Seite her vorsichtig aufrollen und leicht gebogen auf das Backblech legen. Abgedeckt 3 Stunden bei Raumtemperatur gehen lassen (die Croissants können dann bis zum nächsten Morgen abgedeckt im Kühlschrank gelagert werden, müssen aber vor dem Backen ca. 30 Minuten Temperatur annehmen).

8 Den Backofen auf 210 °C Ober- und Unterhitze vorheizen.

9 Für die Eistreiche alle Zutaten miteinander verquirlen und die Croissants damit bestreichen. Das Backblech in den Ofen schieben und die Croissants in 15–18 Minuten goldgelb backen (bei diesem Rezept wird kein Wasser an die Backofenwände gespritzt).

ROSINENBRÖTCHEN

Sie können den Geschmack noch verändern, indem Sie das Mark einer Vanilleschote zum Teig geben.

Mein Tipp: Bereiten Sie den Vorteig am Abend zu, stellen Sie ihn abgedeckt in den Kühlschrank (+ 5 °C, mittleres Fach) und lassen Sie ihn morgens nur schnell Raumtemperatur annehmen bevor Sie den Hauptteig kneten und die Brötchen backen.

FÜR DEN VORTEIG
150 g Milch
20 g Frischhefe
200 g Weizenmehl 550

FÜR DEN HAUPTTEIG
Vorteig
300 g Weizenmehl 550
100 g weiche Butter
50 g Zucker
100 g Quark (20 % Fett i. Tr.)
8 g Salz
2 Eigelbe
175 g Rosinen
1 TL flüssiges Backmalz (Internethandel)

FÜR DIE EISTREICHE
1 Eigelb
50 g Milch
1 Prise Zucker
1 Prise Salz

ergibt 11 Brötchen

1 Für den Vorteig alle Zutaten gut verkneten und für 45 Minuten schön warm stellen (optimal sind 25 °C, bei Raumtemperatur dauert es ca. 60–75 Minuten). Danach kommt er für 12 Stunden in den Kühlschrank (über Nacht).

2 Den Vorteig aus dem Kühlschrank nehmen und Temperatur annehmen lassen. Für den Hauptteig aus dem Vorteig und allen anderen Zutaten einen homogenen Teig kneten und 45 Minuten bei Raumtemperatur gehen lassen.

3 Danach 11 Stücke von ca. 105 g abwiegen und rund formen. Auf das Backblech legen und unter der Abdeckfolie bei Raumtemperatur nochmals 30 Minuten ruhen lassen. Den Backofen auf 180 °C Ober- und Unterhitze vorheizen.

4 Alle Zutaten für die Eistreiche verquirlen und die Brötchen damit bestreichen. In den Backofen schieben und 17–23 Minuten backen, bis sie schön goldbraun sind.

BUTTERHÖRNCHEN

Dieses feine Gebäck passt sehr gut zu Marmelade oder Nougatcreme.
Die Hörnchen sind butterzart und sehr, sehr lecker.
Mein Tipp: Abends den Hauptteig fertigstellen und am nächsten Morgen
die Teiglinge formen und backen.

FÜR DEN HAUPTTEIG
120 g Milch
25 g Zucker
60 g Butter
2 Eier, Größe M
300 g Weizenmehl 550
10 g Frischhefe
1 TL flüssiges Backmalz
(Internethandel)
10 g Salz

FÜR DIE EISTREICHE
1 Eigelb
10 g Milch
1 Prise Salz
1 Prise Zucker

ergibt 8 bis 10 Hörnchen

1. Die Milch mit dem Zucker und der Butter erwärmen, bis der Zucker sich aufgelöst hat. Die Eier verquirlen, in die Butter-Zucker-Milchmischung geben und glatt verrühren.

2. Das Mehl mit der Hefe mischen, die Eiermilch sowie das Backmalz hinzufügen und alles so lange kneten, bis sich der Teig vom Schüsselrand löst. 3 Minuten vor Ende der Knetzeit das Salz zugeben.

3. Den Teig in eine geölte Schüssel geben und mit Frischhaltefolie abgedeckt an einem warmen Ort 30 Minuten gehen lassen, bis sich die Teigmenge verdoppelt hat. Danach wandert er für 12 Stunden in den Kühlschrank (+ 5 °C, mittleres Fach).

4. Am nächsten Morgen den Teig aus dem Kühlschrank nehmen, flach drücken, um die Luft zu entfernen und dünn zu einem Kreis ausrollen. Den Teigkreis wie bei einer Torte in 8–10 Stücke schneiden. Diese Dreiecke von der breiten Seite her aufrollen und die Hörnchen wie ein Hufeisen leicht biegen. Mit genügend Abstand auf das Backblech legen und abgedeckt 90 Minuten bei Raumtemperatur gehen lassen. Den Backofen auf 190 °C Ober und Unterhitze vorheizen.

5. Für die Eistreiche alle Zutaten miteinander verquirlen und die Hörnchen nach der Gehzeit damit bepinseln. In den Backofen schieben und 20–25 Minuten backen, bis sie goldgelb sind.

Schnittbrötchen, Seite 144

SCHNITTBRÖTCHEN Foto Seite 143

Diese Brötchen heißen so, da sie in der Mitte einen Schlitz bekommen. In dieser Form gehören sie zu den meistverkauften Brötchen in Deutschland.
Mein Tipp: Sie können den Vorteig am Morgen vor dem Backtag ansetzen. Am Abend vor dem Backtag bereiten Sie den Hauptteig zu. Am Backtag selbst brauchen Sie noch ungefähr 3 Stunden, bis die Brötchen auf dem Tisch stehen.

FÜR DEN VORTEIG
3,3 g Frischhefe
330 g Wasser
300 g Weizenmehl 550
30 g Roggenmehl 1150

FÜR DEN HAUPTTEIG
Vorteig
600 g Weizenmehl 550
70 g Roggenmehl 1150
270 g Wasser
6,7 g Frischhefe
20 g Salz
20 g Butter
1 TL flüssiges Backmalz (Internethandel)

ergibt 18 Brötchen

1. Für den Vorteig die Hefe in dem Wasser auflösen und zum Mehl geben. Alles klümpchenfrei verrühren und 2 Stunden ruhen lassen. Die Hefe beginnt sich zu vermehren, es bilden sich kleine Bläschen auf dem Teig. Dann den Teig mit Frischhaltefolie abgedeckt für 14 Stunden in den Kühlschrank (+ 5 °C, mittleres Fach) stellen.

2. Für den Hauptteig alle Zutaten 15 Minuten auf langsamster Stufe in der Küchenmaschine kneten. Danach den Teig zusammenlegen, rund formen und in eine große Schüssel geben. Mit einem feuchten Küchentuch abdecken und für 8–12 Stunden in den Kühlschrank stellen.

3. Am Backtag nimmt man den Teig aus dem Kühlschrank und lässt ihn 30 Minuten akklimatisieren. Jetzt wiegt man 18 Teile von ca. 90–93 g ab und formt die Teiglinge schön rund. Danach rollt man sie etwas länglich und erhält eine schöne Oberseite und eine nicht so schöne Unterseite.

4. Nun die Oberseiten der Teiglinge fest und tief (fast ⅔) einschneiden. Die Schnittflächen wieder zusammendrücken und mit der Schnittseite nach unten auf das Bäckerleinen legen. Wenn 3 Teiglinge auf dem Tuch liegen, wird eine Falte hochgezogen, um die Teiglinge zu stützen (siehe Seite 19). So kommen nach und nach alle 18 Teiglinge dran. Nun alles mit der Abdeckfolie mit Untergewebe abdecken und die Teiglinge 60 Minuten bei Raumtemperatur gehen lassen. Den Backofen auf 230 °C Ober- und Unterhitze vorheizen.

5 Die Teiglinge wieder umdrehen und mit der Schnittfläche nach oben auf das Backblech legen. In den Backofen schieben und mit einer Blumenspritze heißes Wasser an die Ofenwände spritzen. Nach 10 Minuten die Ofentür kurz öffnen, um den Dampf abzulassen. Nach kurzer Backzeit werden die Brötchen an der Schnittstelle aufspringen und es bildet sich eine schöne Kruste. Insgesamt dauert die Backzeit 16–18 Minuten, dann sind die Brötchen herrlich goldbraun. Sie sind gar, wenn man auf die Unterseite klopft und es schön hohl klingt. Die Brötchen auf einem Rost abkühlen lassen.

RASIERKLINGE?

Von meinen Kursteilnehmern werde ich immer wieder gefragt, ob das Schneiden mit der Rasierklinge nicht gefährlich sei. Nein, ist es nicht, man muss die Klinge nur gut im Griff haben. Halten Sie sie zwischen Daumen auf der einen und Zeige- und Mittelfinger auf der anderen Seite. Wie es sich damit schneiden lässt, können Sie sich auf meinem Blog unter „Videos", „Baguette einschneiden" ansehen.

KASTENWEISSBROT

Hier kommt ein recht einfach zu backendes Brot. Man kann es auch sehr gut mit 150 g Rosinen backen, sollte aber dann das Salz durch 10 g Zucker ersetzen. Bei uns nennt man es dann Stuten. Die lange kalte Führung gibt dem Brot einen wunderbaren Geschmack!

FÜR DEN VORTEIG
330 g Wasser
3,3 g Frischhefe
150 g Weizenmehl 550
150 g Weizenmehl 812
30 g Roggenmehl 1150

FÜR DEN HAUPTTEIG
Vorteig
300 g Weizenmehl 550
300 g Weizenmehl 812
70 g Roggenmehl
320 g Wasser
20 g Salz
6,7 g Frischhefe
1 TL flüssiges Backmalz (Internethandel)

AUSSERDEM
Butter für die Form

ergibt 2 Brote à 850 g

1 Für den Vorteig alle Zutaten klümpchenfrei verrühren und abgedeckt 2 Stunden bei Raumtemperatur gehen lassen, dann für 12 Stunden in den Kühlschrank (+ 5 °C, mittleres Fach) stellen.

2 Für den Hauptteig den Vorteig und alle anderen Zutaten in der Küchenmaschine 10–15 Minuten kneten. Den Teig in eine große Schüssel geben und wiederum für 12 Stunden in den Kühlschrank stellen.

3 Am Backtag den Teig ca. 1 Stunde akklimatisieren lassen und in 2 Hälften teilen. Jedes Stück erst rund, dann lang formen und in eine gut gefettete Kastenform (23 x 11 x 9,5 cm) geben. Abgedeckt bei 32 °C 90 Minuten gehen lassen (bei Raumtemperatur ca. 150 Minuten). Den Backofen auf 230 °C Ober- und Unterhitze vorheizen.

4 Die Oberfläche der Teiglinge einschneiden, in den Ofen schieben und mit einer Blumenspritze heißes Wasser an die Ofenwände spritzen. Nach etwa 10 Minuten die Ofentür kurz öffnen und den restlichen Dampf abziehen lassen. Die Brote 45 Minuten backen, bis sie eine hellbraune Färbung haben.

TÜRKISCHES FLADENBROT

Gekauftes Fladenbrot hat uns früher nur geröstet gut geschmeckt! Dieses Rezept aber, das von einem türkischen Nachbarn stammt, ist durch die längere Teigführung etwas ganz anderes. Der Geschmack überzeugt voll und ganz. Das Rezept ist sehr einfach und auch für Brotbackanfänger geeignet.
Mein Tipp: Der Teig kann bis zu 24 Stunden im Kühlschrank reifen. So können Sie den Teig entweder schon am Morgen des Vortags zubereiten oder am Abend. Die frischen Fladenbrote sind dann am Backtag schnell fertig.

FÜR DEN TEIG
5 g Frischhefe
1 Prise Zucker
36 g Milch
216 g Wasser
360 g Weizenmehl 550
8 g Meersalz

AUSSERDEM
Olivenöl
Sesam
Schwarzkümmel oder schwarzer Sesam

ergibt 2 Fladenbrote

1 Für den Teig die Hefe mit dem Zucker in der Milch auflösen und abgedeckt 15 Minuten stehen lassen.

2 Dann das Wasser und das Mehl hinzufügen und zu einem weichen Teig verkneten. Abschließend das Meersalz unterkneten. Ich habe in der Küchenmaschine 18 Minuten auf langsamster Stufe geknetet. Den Teig abgedeckt in einer Schüssel für 12–24 Stunden in den Kühlschrank (+ 5 °C, mittleres Fach) stellen.

3 Den Teig in 2 Hälften von je ca. 300 g teilen, rund formen und 15 Minuten unter einem bemehlten Küchentuch entspannen, also ruhen lassen. Den Backofen auf 270 °C Ober- und Unterhitze vorheizen.

4 Die Teigstücke rund formen, ca. 1 cm dick ausrollen, dünn mit Olivenöl bestreichen, mit Sesam und Schwarzkümmel bestreuen und auf ein Backblech legen. In den Ofen schieben und 25 Minuten backen.

BAUERNBRÖTCHEN MIT ALTEM TEIG

Ich kann nur immer wieder feststellen, alter Teig verbessert den Geschmack wesentlich! Von einem fertigen Brötchenteig nehme ich Teig ab und stelle ihn mit Frischhaltefolie abgedeckt in den Kühlschrank. Hier habe ich ihn schon bis zu 10 Tage stehen lassen. Je älter er wird, desto besser wird der Geschmack.
Mein Tipp: Am Nachmittag vor dem Backtag den Vorteig ansetzen, abends den Hauptteig und am nächsten Morgen die Brötchen zubereiten und backen.

FÜR DEN VORTEIG
100 g Wasser
1 g Frischhefe
100 g Weizenmehl

FÜR DEN HAUPTTEIG
Vorteig
200 g alter Teig
700 g Weizenmehl 550
100 g Roggenmehl 1150
500 g Wasser
15 g Butter oder Schmalz
20 g Salz
9 g Frischhefe
1 TL flüssiges Backmalz (Internethandel)

ZUM BESTREUEN
Roggenmehl

ergibt 15 Brötchen

1 Für den Vorteig alle Zutaten klümpchenfrei verrühren und abgedeckt 2–4 Stunden bei Raumtemperatur stehen lassen.

2 Für den Hauptteig alle Zutaten in der Küchenmaschine 15 Minuten kneten, dann den Teig zu einem Ball formen und in eine große Schüssel geben. Abdecken und für 12–14 Stunden in den Kühlschrank (+ 5 °C, mittleres Fach) stellen.

3 Am nächsten Morgen nimmt man den Teig aus dem Kühlschrank und lässt ihn ca. 45 Minuten akklimatisieren. Jetzt werden 15 Teigstücke von je 100 g abgewogen, rund geformt, anschließend etwas länglich mit spitzen Enden gerollt. Die Teiglinge in ein Bäckerleinen (siehe Seite 19) legen, dabei kommt die glattere Seite nach unten. Abgedeckt bei Raumtemperatur 90 Minuten gehen lassen. Den Backofen auf 230 °C Ober- und Unterhitze vorheizen.

4 Die Teiglinge umdrehen, mit Roggenmehl bestäuben, auf das Backblech legen und einmal längs einschneiden. Das Blech in den Ofen schieben und mit einer Blumenspritze heißes Wasser an die Ofenwände spritzen. Nach etwa 10 Minuten die Ofentür kurz öffnen und den restlichen Dampf abziehen lassen. Die Brötchen insgesamt 17–20 Minuten backen. Sie sind gar, wenn man auf die Unterseite klopft und es schön hohl klingt. Die Brötchen auf einem Rost abkühlen lassen.

WEIZENVOLLKORNBRÖTCHEN

Eine Backfreundin bat mich um ein Brötchenrezept mit Vollkornmehl. Herausgekommen ist dieses feine Rezept. Eine leckere Ergänzung für den Brotkorb.
Mein Tipp: Wenn man am Abend das Brühstück fertig macht, ist das Backen am anderen Morgen eine ziemlich schnelle Angelegenheit.

FÜR DAS BRÜHSTÜCK
30 g Leinsamen
30 g kernige Haferflocken
30 g Sesam, geröstet
30 g Sonnenblumenkerne, geröstet
150 g Weizenvollkornschrot, fein oder mittel
12 g Salz
270 g heißes Wasser

FÜR DEN HAUPTTEIG
Brühstück
190–220 g Wasser (je nach Aufnahmefähigkeit des Mehls)
20 g Frischhefe
350 g Weizenvollkornmehl
10 g Butter
1 TL flüssiges Backmalz (Internethandel)

ZUM WÄLZEN
Leinsamen
Sesam
Sonnenblumenkerne
Haferflocken

ergibt 10 Brötchen

1. Für das Brühstück alle Zutaten gut vermischen und mit dem heißen Wasser übergießen. Über Nacht (12 Stunden) abgedeckt bei Raumtemperatur quellen lassen.

2. Für den Hauptteig das Brühstück mit allen anderen Zutaten in der Küchenmaschine 7 Minuten kneten, dann schließt sich eine Teigruhe von 30 Minuten an.

3. 10 gleich schwere Teigstücke abwiegen, die Teiglinge rund formen, mit Wasser bestreichen und in einem Gemisch von Leinsamen, Sesam, Sonnenblumenkernen und Haferflocken wälzen. Etwas länglich formen, auf das Blech setzen und 60–90 Minuten bei Raumtemperatur gehen lassen. Den Backofen auf 240 °C Ober- und Unterhitze vorheizen.

4. Das Blech in den Ofen schieben und mit einer Blumenspritze heißes Wasser an die Ofenwände spritzen. Die Brötchen 10 Minuten anbacken, anschließend die Ofentür kurz öffnen und den restlichen Dampf abziehen lassen. Dann die Temperatur auf 230 °C reduzieren und weitere 10–14 Minuten backen. Die Brötchen sind gar, wenn man auf die Unterseite klopft und es schön hohl klingt. Die Brötchen auf einem Rost abkühlen lassen.

Pfennigmuckerln, Seite 110

Weizenvollkornbrötchen

BAGELS

Ich kann nur sagen: Nachbacken!!! Es lohnt sich. Mit Frischkäse und Räucherlachs belegt einfach nur lecker!
Mein Tipp: Am Abend vor dem Backtag den Vorteig zubereiten. Am Backtag braucht man ca. 3 Stunden, um die Bagels fertig zu backen.

FÜR DEN VORTEIG
150 g Wasser
1,5 g Frischhefe
75 g Weizenmehl 550
75 g Weizenvollkornmehl

FÜR DEN HAUPTTEIG
Vorteig
300 g Weizenmehl 550
50 g Roggenmehl 1150
150 g Wasser
30 g Zucker
10 g Salz
8,5 g Frischhefe
1 EL Sonnenblumenöl

FÜR DAS HONIGWASSER
1 TL Honig
1 l Wasser

FÜR DIE EISTREICHE
1 Eigelb
1 EL Milch
1 EL Wasser

ZUM WÄLZEN
Mohn oder Sesam

ergibt ergibt 6–8 Bagels (je nach Größe Ihrer Hand)

1 Für den Vorteig alle Zutaten klümpchenfrei verrühren und 2 Stunden bei Raumtemperatur ruhen lassen. Danach mit Frischhaltefolie abgedeckt für 12 Stunden in den Kühlschrank (+ 5 °C, mittleres Fach) stellen.

2 Für den Hauptteig den Vorteig und alle anderen Zutaten in der Küchenmaschine 12–15 Minuten kneten. Dann in eine geölte Schüssel geben und abgedeckt 50–60 Minuten gehen lassen.

3 Danach Stücke von ca. 100 g abwiegen und etwas rund formen. Die Teiglinge platt drücken und zu einer etwa 35 cm langen Rolle formen. Die Rolle locker um die Hand legen, so dass sich die Enden in der Handfläche befinden. Jetzt die Hand auf dem Tisch hin und her rollen, damit sich die Enden gut miteinander verbinden. Die geformten Teiglinge noch einmal 30 Minuten gehen lassen.

4 Den Honig mit dem Wasser aufkochen und dann bei 70–80 °C simmern lassen. Die Teiglinge darin 30 Sekunden von jeder Seite garen und auf das Backblech legen. Den Backofen auf 230 °C Ober- und Unterhitze vorheizen.

5 Das Ei mit Milch und Wasser verquirlen. Die Teiglinge damit bestreichen, dann in Sesam oder Mohn wälzen. Die Bagels in den Ofen schieben und 25–30 Minuten backen, bis sie hellbraun sind.

BUTTERTOAST

Der Teig wird nach dem Salz-Hefe-Verfahren hergestellt. Ich kann nur sagen: nachbacken. Der Toast ist flaumig-weich mit einer schönen gleichmäßigen Porung. Beim Toasten wird er wunderbar gebräunt.
Mein Tipp: Wenn man am Abend das Salz-Hefe-Gemisch ansetzt, kann man am anderen Morgen backen. Allerdings dauert es, bis der Teig seine volle Größe erreicht hat.

FÜR DAS SALZ-HEFE-GEMISCH
9 g Salz
50 g Wasser
6 g Frischhefe

FÜR DEN HAUPTTEIG
Salz-Hefe-Gemisch
500 g Weizenmehl 550
10 g Zucker
10 g Speisestärke
1 TL flüssiges Backmalz (Internethandel)
250 g Milch
30 g weiche Butter

AUSSERDEM
Butter für die Forme

ergibt 2 Toastbrote à 375 g

1 Für das Salz-Hefe-Gemisch die Zutaten gut verrühren und abgedeckt mindestens 30 Minuten, maximal 20 Stunden bei Raumtemperatur stehen lassen.

2 Für den Hauptteig das Hefegemisch mit allen anderen Zutaten außer der Butter in der Küchenmaschine 12 Minuten kneten. Danach die Butter zugeben und nochmals 6 Minuten kneten. Den Teig rund formen und unter der Abdeckfolie 2–3 Stunden gehen lassen, bis er seine Größe verdoppelt hat.

3 Den Teig dann falten und formen („stretch and fold", siehe Seite 22/23) und in 2 gleich schwere Teile schneiden. Die gebutterte Toastbrotform (siehe Seite 19) in der Mitte abteilen, in jedes Fach ein Teigstück legen, den Deckel schließen. und den Teig 4 Stunden bei Raumtemperatur gehen lassen (bei 22–26 °C sind es ca. 2 Stunden). Den Backofen auf 190 °C Ober- und Unterhitze vorheizen.

4 Die Brote mit geschlossenem Deckel in den Ofen schieben und mit einer Blumenspritze heißes Wasser an die Ofenwände spritzen. Nach etwa 10 Minuten die Ofentür kurz öffnen und den restlichen Dampf abziehen lassen. Die Brote 45 Minuten backen, bis sie schön hellbraun sind.

RUSTIKALES BAUERNWEISSBROT

Durch den Vorteig und die lange kalte Führung hat dieses Brot einen sehr aromatischen Geschmack. Ich weiß, der Zeitaufwand ist enorm, aber er lohnt sich wirklich.

FÜR DEN VORTEIG
2,3 g Frischhefe
230 g Wasser
200 g Weizenmehl 550
30 g Roggenmehl 1150

FÜR DEN HAUPTTEIG
Vorteig
400 g Weizenmehl 550
70 g Roggenmehl 1150
190 g Wasser
10 g Salz
10 g Backmalz (ersatzweise Honig oder Zucker)
5,7 g Frischhefe

ergibt 1 Brot von ca. 1 kg

1. Die Hefe in dem Wasser auflösen und mit dem Mehl kräftig verrühren, bis eine glatte Masse entstanden ist. Das Ganze mit Klarsichtfolie abdecken, bei Raumtemperatur 2 Stunden stehen lassen und dann für 12 Stunden in den Kühlschrank stellen.

2. Alle Zutaten für den Hauptteig gut vermengen und so lange mit der Küchenmaschine kneten, bis sich der Teig von der Schüssel löst. Mit der Hand sollte die Knetzeit mindestens 20 Minuten betragen. Den Teig aus der Schüssel nehmen und einmal falten. Erst von oben, dann von unten, dann von rechts und dann von links (siehe auch Seite 22/23). Jetzt den Teig für 12 bis 16 Stunden in einer Schüssel, bedeckt mit Klarsichtfolie, in den Kühlschrank stellen (5 °C). Danach den Teig etwa 1 bis 2 Stunden Raumtemperatur annehmen lassen. Dann wieder einmal falten, anschließend rund wirken und in den gut bemehlten Gärkorb legen.

3. Die Gare braucht etwa 75 Minuten bei 30 bis 32 °C. Diese Temperatur wird durch Anstellen der Backofenlampe erreicht.

4. Den Backofen rechtzeitig auf 230 °C vorheizen.

5. Ein Backblech mit Backpapier belegen. Den Teigling vorsichtig darauf stürzen, einschneiden und auf die 2. Schiene von unten in den Backofen schieben, mit einer Blumenspritze heißes Wasser an die Ofenwände spritzen. Nach etwa 10 Minuten die Backofentür öffnen, um den restlichen Dampf abziehen zu lassen. Das Brot bei 230 °C 15 Minuten anbacken, bis die gewünschte Bräune erreicht ist. Dann die Temperatur auf 180 °C senken und das Brot in weiteren 45 Minuten fertig backen.

6. Zur Kontrolle, ob das Brot fertig gebacken ist, klopft man auf die Unterseite. Es sollte schön hohl klingen. Man kann auch mit einem Thermometer die Kerntemperatur messen. Sie sollte mindestens 93 °C betragen. Das fertige Brot auf einem Küchenrost auskühlen lassen.

KARTOFFELFLOCKENBROT

Kartoffelflocken ist eine Zutat, die Profibäcker gerne für Brote verwenden. Es ist dabei nicht leicht, die richtigen Kartoffelflocken zu finden, sie unterscheiden sich in der Milch- und Wasseraufnahme. Dieses Brot hat eine schöne weiche, gleichmäßige Krume und eine sehr knusprige Kruste.
Mein Tipp: Am Abend zuvor den Vorteig machen, dann kann am nächsten Morgen der Hauptteig angesetzt werden und gute 3 Stunden später steht das Brot auf dem Tisch.

FÜR DEN VORTEIG
113 g Wasser
2,5 g Frischhefe
250 g Weizenmehl T65 (oder Weizenmehl 550)

FÜR DEN HAUPTTEIG
Vorteig
390 g Wasser
23 g Frischhefe
675 g Weizenmehl T65 (oder Weizenmehl 550)
75 g Roggenmehl 1150
1 TL flüssiges Backmalz (Internethandel)
20 g Salz

FÜR DAS PÜREE
60 g Kartoffelflocken, z. B. von Pfanni, ohne Milchzusatz
155 g Milch

AUSSERDEM
Roggenmehl zum Bestäuben

ergibt 3 Brote von je 400 g

1 Für den Vorteig aus den Zutaten einen sehr festen Teig herstellen und mit der Hand kräftig durchkneten, bis ein Teigball entsteht. Den Ball zugedeckt über Nacht (12 Stunden) bei Raumtemperatur gehen lassen.

2 Aus den Kartoffelflocken und der Milch ein Püree herstellen.

3 Für den Hauptteig alle Zutaten außer dem Salz 7 Minuten kneten. Dann das Salz und das Püree hinzufügen und weitere 10 Minuten langsam kneten. Den Teig in der Schüssel lassen, mit Frischhaltefolie abdecken und 60 Minuten gehen lassen. Er sollte sich in dieser Zeit mindestens verdoppeln.

4 Aus dem Teig 3 gleich schwere Stücke abwiegen und schön rund formen. Die Teigballen mit der glatteren Seite nach oben in das Bäckerleinen legen, mit Abdeckfolie abdecken und wieder 60 Minuten gehen lassen. Den Backofen auf 230 °C Ober- und Unterhitze vorheizen.

5 Die Teigballen vorsichtig umgedreht auf ein Backblech setzen, mit Roggenmehl bestäuben und je nach Gusto einschneiden. Das Blech in den Ofen schieben und mit einer Blumenspritze heißes Wasser an die Ofenwände spritzen. Nach etwa 10–15 Minuten die Ofentür kurz öffnen und den restlichen Dampf abziehen lassen. Die Brote insgesamt 40 Minuten backen.

BAGUETTEBRÖTCHEN

Zu Silvester gibt es sicherlich bei Vielen ein leckeres Fondue oder Raclette, wozu diese Baguettebrötchen hervorragend passen. Aber auch zum Frühstück sind sie ein Gedicht. Mein Tip: Am Morgen vor dem Backtag den Vorteig herstellen, abends den Hauptteig. Am nächsten Morgen die Teiglinge formen und backen.

FÜR DEN VORTEIG
330 g Wasser
3,3 g Frischhefe
150 g Weizenmehl 550
150 g Weizenmehl 1050
30 g Roggenmehl 1150

FÜR DEN HAUPTTEIG
Vorteig
300 g Wasser
4,7 g Frischhefe
300 g Weizenmehl 550
300 g Weizenmehl 1050
70 g Roggenmehl 1150
20 g Salz
1 EL flüssiges Backmalz
 (Internethandel)

ergibt 18 Stück

1 Für den Vorteig alle Zutaten klümpchenfrei verrühren und in einer großen Schüssel abgedeckt 2 Stunden bei Raumtemperatur ruhen lassen. Danach die Schüssel für 12 Stunden in den Kühlschrank (+ 5 °C, mittleres Fach) stellen.

2 Für den Hauptteig den Vorteig und alle anderen Zutaten in der Küchenmaschine 20 Minuten langsam kneten. Den Teig eine Runde strecken und falten (stretch & fold, siehe Seite 22/23) und in eine große Schüssel geben. Mit Frischhaltefolie abdecken und für mindestens 12 Stunden in den Kühlschrank stellen. Die Zeit im Kühlschrank kann bis auf 18 Stunden ausgedehnt werden, wie es gerade in den Tagesablauf passt.

3 Dann Teiglinge zu je 90–95 g abwiegen und rund formen, etwas abflachen und zu einem Oval ausrollen. Von der Seite her aufrollen, auf ein Blech setzen und abgedeckt bei Raumtemperatur 90–120 Minuten gehen lassen. Den Backofen auf 230 °C Ober- und Unterhitze vorheizen.

4 Die Teiglinge zweimal quer einschneiden und in den Ofen schieben. Mit einer Blumenspritze heißes Wasser an die Ofenwände spritzen. Nach etwa 10 Minuten die Ofentür kurz öffnen und den restlichen Dampf abziehen lassen. Die Brötchen 20 Minuten backen, bis sie goldbraun sind. Sie sind gar, wenn man auf die Unterseite klopft und es schön hohl klingt. Die Brötchen auf einem Rost abkühlen lassen.

Krusties mit altem Teig, Seite 164

Baguettebrötchen

KRUSTIES MIT ALTEM TEIG   Foto Seite 163

Da ich mit altem Teig hervorragende Geschmacksergebnisse erziele, habe ich diese Krusties gebacken. Sie sind sehr lecker und schön kross. Für den „alten Teig" hatte ich von meinem letzten Brötchenteig 350 g abgenommen und in den Kühlschrank gestellt. Er kann mehrere Tage alt sein. Je länger er im Kühlschrank liegt, desto intensiver wird der Geschmack des neuen Gebäcks. Mein Tipp: Am Morgen vor dem Backtag den Vorteig herstellen. Abends den Hauptteig zubereiten und am nächsten Morgen die Teiglinge formen und backen.

FÜR DEN VORTEIG
200 g Wasser
2 g Frischhefe
200 g Weizenmehl T65
  (550 geht natürlich auch)

FÜR DEN HAUPTTEIG
Vorteig
350 g alter Teig
430 g Wasser
8 g Frischhefe
800 g Weizenmehl T65
15 g Butter
1 EL flüssiges Backmalz
  (Internethandel)
20 g Salz

ergibt 16 Krusties

1 Für den Vorteig am Morgen alles klümpchenfrei verrühren und 2 Stunden abgedeckt ruhen lassen. Anschließend wandert der Teig bis abends (für ca. 10–12 Stunden) in den Kühlschrank (+ 5 °C, mittleres Fach).

2 Für den Hauptteig den Vorteig, den alten Teig und alle Zutaten bis auf das Salz 15 Minuten in der Küchenmaschine kneten, dann das Salz zugeben und noch einmal 3 Minuten kneten. Danach den Teig aus der Knetschüssel nehmen, 350 g davon abnehmen und für das nächste Backen mit altem Teig abgedeckt in einer Schüssel im Kühlschrank aufbewahren. Den restlichen Teig in eine große Schüssel legen, mit einem feuchten Küchentuch abdecken und über Nacht (für 12 Stunden) in den Kühlschrank stellen.

3 Am Morgen den Teig aus dem Kühlschrank nehmen und 60 Minuten akklimatisieren lassen. Dann 16 Stücke von 100–105 g abwiegen und rund formen. Die Teiglinge etwas oval ausrollen und von der Längsseite her einmal von links und dann von rechts einschlagen. Umgedreht (die glatte Unterseite kommt nach oben) in das Bäckerleinen legen und 60–70 Minuten

gehen lassen, dabei mit der Folie abdecken, damit die Oberfläche nicht austrocknet. Den Backofen auf 230 °C Ober- und Unterhitze vorheizen.

4 Die Teiglinge umdrehen und auf das Backblech legen. In den Ofen schieben und mit einer Blumenspritze heißes Wasser an die Ofenwände spritzen. Nach etwa 10 Minuten die Ofentür kurz öffnen und den restlichen Dampf abziehen lassen. Die Brötchen insgesamt 20 Minuten backen. Sie sind gar, wenn man auf die Unterseite klopft und es schön hohl klingt. Die Brötchen auf einem Rost abkühlen lassen.

SCHWEIZER DREIECKSBROT

Mein Backfreund Eibauer hat er mir dieses sehr schöne Rezept aus seiner Rezeptsammlung überlassen. Es ist ein feines Weizenbrot, und wer die Möglichkeit hat, an die schweizerischen Mehle zu kommen, sollte auf jeden Fall damit backen.

FÜR DEN VORTEIG
300 g Wasser
2 g Frischhefe
190 g Weizenmehl 550 (original: Schweizer Weißmehl 400)
110 g Weizenmehl 1050 (original: Schweizer Halbweißmehl 700)

FÜR DEN HAUPTTEIG
Vorteig
300 g Wasser
9 g Frischhefe
400 g Weizenmehl 550
240 g Weizenmehl 1050
6 g Backmalz, enzymaktiv (Internethandel)
20 g Salz

AUSSERDEM
Öl zum Einpinseln
Weizenmehl 1050 zum Bestäuben

ergibt 4 Brote von je 350 g

1 Abends den Vorteig ansetzen: Dafür alle Zutaten klümpchenfrei verrühren und abgedeckt 60 Minuten bei Raumtemperatur gehen lassen. Dann für 12–15 Stunden in den Kühlschrank (+ 5 °C, mittleres Fach) stellen.

2 Am nächsten Morgen die Brote backen. Dafür den Vorteig und alle anderen Zutaten 15 Minuten in der Küchenmaschine kneten und den Teig abgedeckt 20 Minuten ruhen lassen.

3 4 Teigstücke à 400 g abwiegen. Schön rund formen (siehe Abbildung a) und noch einmal 10 Minuten abgedeckt ruhen lassen.

4 Das Nudelholz oben an der Teigkugel ansetzen und 3 Zungen von ca. 5 cm Länge herausarbeiten (siehe Abbildung b). Die Teigzungen an den Spitzen mit etwas Öl bepinseln und wieder auf die Mitte der Teigkugel legen (siehe Abbildung c). So mit allen 4 Teigkugeln verfahren. Die Kugeln wenden, in das Bäckerleinen legen und 60 Minuten gehen lassen. Den Backofen auf 230 °C Ober- und Unterhitze vorheizen.

5 Vor dem Backen die Teigkugeln wieder wenden und leicht mit Weizenmehl 1050 bestäuben. Auf ein Backblech legen, in den Ofen schieben und mit einer Blumenspritze heißes Wasser an die Ofenwände spritzen. Nach etwa 10 Minuten die Ofentür kurz öffnen und den restlichen Dampf abziehen lassen. Die Brote insgesamt ca. 35 Minuten backen, bis sie hellbraun sind.

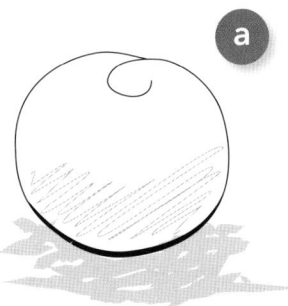
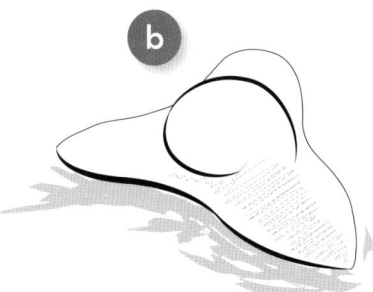
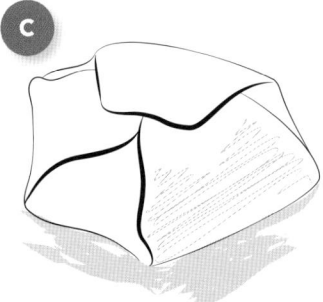

WALNUSS-MALZ-BRÖTCHEN

In einem dänischen Koch- und Backbuch fand ich dieses Rezept. Es hat mich gereizt, denn die Brötchen sind schon nach 3 Stunden fertig.

FÜR DEN HAUPTTEIG
- 20 g Frischhefe
- 1 TL flüssiges Backmalz (Internethandel)
- 375 g Wasser
- 150 g Buttermilch
- 25 g Walnussöl
- 30 g Roggenmalzpulver (Internethandel)
- 20 g braunen Zucker
- 85 g Weizenvollkornmehl
- 275 g feiner Hartweizengrieß (Internethandel)
- 500 g Weizenmehl 550
- 25 g Salz
- 95 g Walnussbruch

AUSSERDEM
feiner Hartweizengrieß

ergibt 16 Brötchen

1 Die Hefe und das Backmalz im Wasser auflösen, dann mit allen Zutaten bis auf das Salz und den Walnussbruch so lange in der Küchenmaschine kneten, bis sich der Teig von der Schüssel löst. Erst dann das Salz und den Walnussbruch dazugeben und nochmals 3 Minuten kneten.

2 Jetzt den Teig schön rund formen, in eine geölte Schüssel legen und mit Frischhaltefolie abgedeckt für 2 Stunden an einen möglichst warmen Ort stellen.

3 Den Teig nach dieser Zeit auf eine mit Hartweizengrieß bestreute Arbeitsplatte geben und zu einem Rechteck von 1 cm Dicke ausrollen. Mit einem Teigabstecher Quadrate von 6–8 cm Kantenlänge abstechen, mit Hartweizengrieß bestreuen und auf ein Backblech legen. Mit Folie abgedeckt für 45 Minuten an einem warmen Ort gehen lassen. Den Backofen auf 240 °C Ober- und Unterhitze vorheizen.

4 Das Backblech in den Ofen schieben und mit einer Blumenspritze heißes Wasser an die Ofenwände spritzen. Nach etwa 10 Minuten die Ofentür kurz öffnen und den restlichen Dampf abziehen lassen. Die Brötchen 15–17 Minuten backen. Sie sind gar, wenn man auf die Unterseite klopft und es schön hohl klingt. Die Brötchen auf einem Rost abkühlen lassen.

KAISERSEMMEL

Die Herstellung dieser Kaisersemmel erinnert mich schon ein bisschen an meine Kindertage, als ich mit Knete so Manches hergestellt habe. Wenn man dem Teig genug Zeit gibt, lässt er sich gut formen.
Mein Tipp: Am Morgen vor dem Backtag den Vorteig, abends den Hauptteig herstellen und am nächsten Morgen die Teiglinge formen und backen.

FÜR DEN VORTEIG
75 g Weizenmehl 550
75 g Dinkelmehl 630
15 g Roggenmehl 1150
165 g Wasser
2 g Frischhefe

FÜR DEN HAUPTTEIG
Vorteig
5 g Frischhefe
165 g Wasser
150 g Weizenmehl 550
150 g Dinkelmehl 630
35 g Roggenmehl 1150
10 g Salz
1 TL flüssiges Backmalz (Internethandel)

ergibt 9 Semmeln

1. Für den Vorteig alle Zutaten klümpchenfrei verrühren und gehen lassen, bis sich auf der Oberfläche des Teigs kleine Bläschen zeigen. Dann für 12 Stunden in den Kühlschrank (+ 5 °C, mittleres Fach) stellen.

2. Für den Hauptteig den Vorteig mit allen anderen Zutaten vermengen, in der Küchenmaschine ca. 10–15 Minuten gut verkneten. Den Teig in eine leicht geölte Schüssel geben und abgedeckt erneut für 12 Stunden in den Kühlschrank stellen.

3. Den Teig am Backtag aus dem Kühlschrank nehmen, in 9 Teigstücke von je ca. 90 g teilen und rund formen. Abgedeckt 20 Minuten bei Raumtemperatur ruhen lassen.

4. Die Teiglinge 40 cm lang rollen (Bild a) und einen einfachen Knoten machen (Bild b). Das eine Ende nach oben (Bild c) und das andere Ende nach unten einschlagen (Bild d). Die Kaisersemmeln umgekehrt (Kopf nach unten) auf ein Leinentuch legen und ca. 50–60 Minuten gehen lassen. Den Backofen auf 230 °C Ober- und Unterhitze vorheizen.

5. Die Semmeln wieder umdrehen und auf das Backblech legen. Das Blech in den Backofen schieben, mit einer Blumenspritze heißes Wasser an die Ofenwände spritzen. Nach 10 Minuten die Ofentür kurz öffnen, um den restlichen Dampf abzulassen. Die Semmeln ca. 17–20 Minuten backen, bis sie hellbraun sind. Sie sind gar, wenn man auf die Unterseite klopft und es schön hohl klingt. Die Brötchen auf einem Rost abkühlen lassen.

Müslibrötchen
Rezept auf Seite 100

Kaisersemmeln

SONNTAGSBRÖTCHEN

Diese Brötchen haben einen sehr feinen Geschmack, sie gehen gut auf und die Krume ist sehr locker und schön großporig.
Mein Tipp: Am Morgen vor dem Backtag den Vorteig, am Abend den Hauptteig herstellen und die Brötchen formen. Am nächsten Morgen backen.

FÜR DEN VORTEIG
10 g Salz
288 g Wasser
6 g Frischhefe
130 g Weizenmehl 550
130 g Dinkelmehl 630
28 g Roggenmehl 1150

FÜR DEN HAUPTTEIG
10 g Salz
290 g Wasser
8 g Frischhefe
Vorteig
252 g Weizenmehl 550
252 g Dinkelmehl 630
56 g Roggenmehl 1150
42 g Schweineschmalz
10 TL flüssiges Backmalz
 (Internethandel)

ergibt 18 Brötchen

1. Für den Vorteig zunächst das Salz in 100 g Wasser auflösen, dann die Hefe zugeben und verrühren. 30 Minuten bis 10 Stunden stehen lassen. Danach mit dem Mehl und dem restlichen Wasser klümpchenfrei verrühren und abgedeckt 12 Stunden bei Raumtemperatur stehen lassen.

2. Für den Hauptteig das Salz in 100 g Wasser auflösen, die Hefe hinzufügen und glatt rühren. 30 Minuten stehen lassen.

3. Danach alle Zutaten mit dem Vorteig so lange kneten, bis ein glatter Teig entstanden ist, der sich von der Schüssel löst. Abgedeckt für 30 Minuten in den Kühlschrank stellen.

4. Den Teig durchkneten und 18 Teigstücke von ca. 85 g abstechen und rund formen. Die Oberflächen mit dem Brötchendrücker eindrücken (oder ein Messer benutzen), umgedreht auf Backbleche legen und für 12 Stunden in den Kühlschrank (+ 5 °C, mittleres Fach) stellen.

5. Die Bleche aus dem Kühlschrank nehmen, damit die Teiglinge sich akklimatisieren können. Den Backofen auf 230 °C Ober- und Unterhitze vorheizen. Die Teigstücke wieder umdrehen, mit Wasser besprühen und in den Backofen schieben, 17–23 Minuten backen. Sie sind gar, wenn man auf die Unterseite klopft und es schön hohl klingt. Die Brötchen auf einem Rost abkühlen lassen.

Buttercroissants
Rezept auf Seite 138

Sonntagsbrötchen

SCHNELLE BRÖTCHEN

Mein schnelles Backrezept: In nur 3 Stunden stehen diese feinen Brötchen auf dem Frühstückstisch.

FÜR DEN TEIG
150 g Milch
150 g Wasser
1 TL Honig
30 g Frischhefe
250 g Weizenmehl 550
250 g Dinkelmehl 630
12 g Salz
2 EL Sonnenblumen- oder Rapsöl
8 g enzymaktives Backmalzpulver (Internethandel)

FÜR DIE STREICHE
10 g Kartoffelstärke
250 g Wasser

ergibt 10 Brötchen

1 Milch und Wasser mischen. 150 g von diesem Gemisch mit dem Honig und der Hefe verrühren und 15 Minuten stehen lassen. Dann alle anderen Zutaten sowie das restliche Milch-Wassergemisch unterrühren, zu einem glatten Teig verkneten und 10 Minuten stehen lassen.

2 Danach den Teig 5 Minuten durchkneten und nach der Methode „stretch and fold" behandeln (siehe Seite 22/23). Diese Prozedur 3-mal wiederholen.

3 Den Teig mit einem Teigabstecher oder Messer in 10 Portionen teilen und rund formen. Die Teiglinge auf das Backblech setzen. Abgedeckt 60 Minuten bei Raumtemperatur gehen lassen. Den Backofen auf 230 °C Ober- und Unterhitze vorheizen.

4 Die Oberfläche der Teigstücke mit einem scharfen Messer oder einer Rasierklinge einschneiden. Die Brötchen in den Backofen schieben, mit einer Blumenspritze heißes Wasser an die Ofenwände spritzen. Nach etwa 10 Minuten die Ofentür kurz öffnen und den restlichen Dampf abziehen lassen. Wenn die Brötchen Farbe angenommen haben, die Temperatur auf 190 °C zurückschalten. Insgesamt werden die Brötchen 18–22 Minuten gebacken. Die Kartoffelstärke mit dem Wasser verrühren, aufkochen und die heißen Brötchen damit bestreichen. Die Brötchen auf einem Rost abkühlen lassen.

MOHN- UND SESAMBRÖTCHEN

Mohn- und Sesambrötchen sind relativ leicht zu backen. Sie haben einen aromatischen Saatenbelag und eine schöne, rösche Kruste.
Mein Tipp: Am Morgen vor dem Backtag den Vorteig zubereiten und am Abend den Hauptteig, dann kann man am nächsten Morgen die Brötchen aus dem Kühlschrank nehmen, aufarbeiten und backen.

FÜR DEN VORTEIG
330 g Wasser
3,3 g Frischhefe
150 g Weizenmehl T65
 (550 geht natürlich auch)
150 g Dinkelmehl 630
30 g Roggenmehl 1150

FÜR DEN HAUPTTEIG
Vorteig
300 g Weizenmehl T65
300 g Dinkelmehl 630
70 g Roggenmehl 1150
300 g Wasser
20 g Salz
10 g Frischhefe
1 TL flüssiges Backmalz

ZUM WÄLZEN
Sesam
Mohn

ergibt 18 Brötchen

1. Für den Vorteig alle Zutaten klümpchenfrei verrühren und 2 Stunden ruhen lassen, dann für 10–12 Stunden abgedeckt in den Kühlschrank (+ 5 °C, mittleres Fach) stellen.

2. Für den Hauptteig den Vorteig mit allen Zutaten so lange kneten, bis sich der Teig von der Schüssel löst (ich habe 18 Minuten mit der Küchenmaschine geknetet). Danach den Teig in eine große Schüssel geben und abgedeckt für 12 Stunden in den Kühlschrank stellen.

3. Den Teig am Backtag aus dem Kühlschrank nehmen und akklimatisieren lassen. Dann 18 Teile à 93 g abwiegen und die Stücke zunächst rund, dann etwas lang formen. Die Oberfläche mit Wasser einpinseln und in Mohn oder Sesam wälzen. Mit einem Messer der Länge nach einschneiden, den Schnitt wieder zusammendrücken und mit der Saatenseite nach unten in die Leinentücher legen (siehe Seite 19). Abdecken und 60 Minuten gehen lassen. Den Backofen auf 230–240 °C Ober- und Unterhitze vorheizen.

4. Die Teiglinge umdrehen und auf das Backblech legen. Nochmals vorsichtig mit Wasser bestreichen, in den Backofen schieben und mit einer Blumenspritze heißes Wasser an die Ofenwände spritzen. Nach etwa 10 Minuten die Ofentür kurz öffnen und den restlichen Dampf abziehen lassen. Die Brötchen insgesamt 18–21 Minuten backen. Sie sind gar, wenn man auf die Unterseite klopft und es schön hohl klingt. Die Brötchen auf einem Rost abkühlen lassen.

Mohn- und Sesambrötchen

Dinkelbrötchen, Seite 122

DINKELBRÖTCHEN MIT HARTWEIZENMEHL

Hier ein Rezept für Dinkelbrötchen mit einem kleinen Anteil von Hartweizenmehl. Das Ergebnis sind ganz feine, luftig leichte Brötchen mit einem zarten Aroma und einer zarten Kruste. Da Dinkel ein Getreide ist, das immer etwas trockener backt, ist die Feuchtigkeitsmenge etwas erhöht.
Mein Tipp: Am Morgen vor dem Backtag den Vorteig anfertigen. Abends den Hauptteig und am nächsten Morgen die Teiglinge formen und backen.

FÜR DEN VORTEIG
165 g Wasser
1,5 g Frischhefe
150 g Dinkelmehl 630
15 g Hartweizenmehl

FÜR DEN HAUPTTEIG
Vorteig
300 g Dinkelmehl 630
35 g Hartweizenmehl
135 g Wasser
10 g Salz
3,5 g Frischhefe
1 TL Butter (ca. 15 g)
1 TL flüssiges Backmalz (Internethandel)

ergibt 9 Brötchen

1 Für den Vorteig alle Zutaten klümpchenfrei verrühren und bei Raumtemperatur 2 Stunden ruhen lassen. Wenn sich vereinzelt kleine Bläschen zeigen, den Teig abgedeckt bei + 5 °C für 8–10 Stunden in den Kühlschrank stellen (mittleres Fach).

2 Für den Hauptteig den Vorteig und alle anderen Zutaten in der Küchenmaschine so lange kneten, bis ein homogener Teig entstanden ist. Danach wird der Teig rund geformt und kommt in eine große Schüssel, die mit einem feuchten Küchenhandtuch abgedeckt wird. Nun geht es für 12 Stunden wieder in den Kühlschrank.

3 Am nächsten Morgen nimmt man den Teig aus dem Kühlschrank und lässt ihn 60 Minuten bei Raumtemperatur akklimatisieren. Dann 9 Teigstücke von etwa 90–93 g abwiegen, rund formen und auf das Backblech setzen. Abgedeckt nochmals 90 Minuten bei ca. 25 °C gehen lassen. Den Backofen auf 230 °C Ober- und Unterhitze vorheizen.

4 Die Teiglinge mit etwas Mehl bestäuben, in den Backofen schieben und mit einer Blumenspritze heißes Wasser an die Ofenwände spritzen. Nach etwa 10 Minuten die Ofentür kurz öffnen und den restlichen Dampf abziehen lassen. Die Brötchen insgesamt 15–18 Minuten backen. Sie sind gar, wenn man auf die Unterseite klopft und es schön hohl klingt. Die Brötchen auf einem Rost abkühlen lassen.

Dinkelbrötchen mit Hartweizenmehl

Fränzchen, Rezept Seite 120

ABKÜRZUNGEN UND FACHBEGRIFFE

Abstreichen

Mit einem Bäckerpinsel (Bräunwisch, kleiner Handfeger) bestreicht man die Teiglinge, bevor sie in den Backofen kommen, mit Wasser, Stärkewasser, Milchwasser, Milch oder verquirltem Ei. Kurz vor dem Ende des Backvorgangs kann das wiederholt werden, das Brot erhält dadurch einen schönen Glanz.

Anbacktemperatur

Die Temperatur des Backofens beim ▶ Einschießen der Gebäcke.

Ansatz

Das ist der Sauerteig, den Sie ansetzen.

Anstellgut

Das Anstellgut ist ein Rest Sauerteig, den ich nicht verbacke, sondern in den Kühlschrank stelle. Will ich wieder backen, füttere ich das Anstellgut bei Zimmertemperatur (besser wären 26 °C) mit Wasser und Mehl und erhalte so einen neuen Sauerteig. Mit dem neuen Sauerteig und den im Rezept angegebenen Zutaten wird dann alles zum Brotteig verarbeitet.

ASG

▶ Anstellgut

Ausbund

Als Ausbund bezeichnet man das Aufspringen der Kruste durch Drücken an vorgezeichneten Stellen. Die dadurch vergrößerte Oberfläche verbessert das Aroma und den Geschmack. Er schützt auch vor Backfehlern.

Backmalz

Backmalz wird aus gekeimtem und gedarrtem Getreide (meist Gerste) hergestellt. Es beschleunigt die Gärung, verbessert die Teigbeschaffenheit, Krumenstruktur, Bräunung und Rösche.

Backpapier

Das Backblech immer mit Backpapier auslegen, bevor der Teigling darauf gestürzt wird.

Backverlust

Durch das Backen und Auskühlen ergibt sich ein Gewichtsverlust der Teiglinge. Er beträgt bei frei geschobenen Broten mit
1000 g Teiggewicht ca. 13 Prozent
1500 g Teiggewicht ca. 12 Prozent
2000 g Teiggewicht ca. 11 Prozent

Brühstück

Das Verquellen von Saaten, Körnern und Vollkornmehl mit heißem Wasser. Dauer: 2 bis 12 Stunden.

Einschießen

Mit einem Brotschießer, einem Holzbrett mit Stiel, wird der Teigling in den Backofen gesetzt.

Doppelback

Wie der Name schon sagt, wird das Brot nach der normalen Backzeit für eine kurze Zeit nochmals gebacken. Es erhält dadurch eine besonders rösche Kruste und ein stärkeres Aroma.

Frei geschobenes Brot

Brot, das einzeln gesetzt gebacken wird, ohne Kasten.

Führung

Führung (auch Teigführung) ist die Teigentwicklung vom Mischen der Zutaten bis hin zum Backprozess. Viele Faktoren wirken dabei auf den Teig ein.

Gare

Die Zeit für die Reifung des Teigs, das Gehenlassen.

Gärkorb

Behältnis zum Formen und zum Gehenlassen der Teiglinge. Meistens aus Peddigrohr oder Holzschliff. Er wird je nach Teigbeschaffenheit (feuchte oder nicht so feuchte Teige) gründlich oder weniger gründlich am besten mit Roggenvollkornmehl bestäubt, bevor er mit dem Teig gefüllt wird. Man kann das Roggenvollkornmehl zur Sicherheit auch noch mit Stärkemehl mischen. Für die 1 kg-Brote in diesem Buch benötigen Sie einen Gärkorb mit einem Durchmesser von 21–22 Zentimeter.

Gärkorb reinigen

Zur Säuberung einfach eine harte Bürste benutzen und vierteljährlich den Gärkorb bei 150 °C für 15 Minuten in den Backofen stellen, um Keime abzutöten.

Gerstern

Der Teigling wird für kurze Zeit einer sehr starken Hitze ausgesetzt, damit sich sofort eine Kruste mit den typischen dunklen Flecken bildet und die Aromastoffe nicht mehr entweichen können.

Hefe

Frische Hefe gibt es im Würfel à 42 Gramm. Die Trockenhefe im Beutel à 7 Gramm entspricht 21 Gramm Frischhefe.

Knetvorgang

Eine sorgfältige Mischung der Zutaten. Wichtig ist die gute Durchlüftung und Wasseraufnahme des Teiges. Von der Quellbarkeit (Wasseraufnahme) und der Sauerstoffaufnahme (Durchlüftung) des Teigs hängen die Hefeaktivität und die Backfähigkeit ab.

Quellstück

Das Verquellen von Saaten und Körnern mit kaltem Wasser. Dauer 2 bis 12 Stunden.

RM

▶ Roggenmehl

Roggenmehl

Mehl aus dem Roggenkorn in den Typen 700, 997, 1150, 1370 bis Vollkorn (das entspräche etwa 2000). Leicht graues und kräftiges Mehl für Brote und Brötchen. Das am häufigsten verwendete Mehl in Deutschland ist das 1150er.

RVM

Roggenvollkornmehl

Schrot

Bezeichnung für das grob zerteilte Getreidekorn. Man sollte es unbedingt als ▶ Brüh- oder ▶ Quellstück verarbeiten.

Schwaden

Mit einer Blumenspritze Wasser an die Ofenwände spritzen, damit sich im Backofen Dampf entwickelt und der Teig besser aufgeht.

ST

Sauerteig

TA = Teigausbeute

Die Teigausbeute gibt das Verhältnis zwischen Mehl und Schüttflüssigkeit (kann Wasser, Buttermilch usw. sein) an. Eine hohe TA ist ein weicher (TA 185) und eine niedrige TA (155) ein eher festerer Teig.
Es wird zwischen Netto-TA (nur das Mehl-Wasser-Verhältnis) und Brutto-TA (Verhältnis Mehl zu allen anderen Zutaten eines Rezeptes) unterschieden. In den meisten Rezepten wird nur die Netto-TA angegeben.
Beispiel: TA 170
100 Teile Mehl und 70 Teile Wasser
Beispiel: TA 155
100 Teile Mehl und 55 Teile Wasser

Teigruhe

Das ist die Zeit nach dem Kneten und vor der Weiterverarbeitung des Teigs.

Teigtemperatur

Entscheidend für ein gutes Backergebnis ist die Teigtemperatur, die mit einem Teigthermometer gemessen wird.
Für die Teigarten gelten folgende Richtwerte:
Weißbrot 24 bis 26 °C
Mischbrote 26 bis 28 °C
Roggenbrot 27 bis 29 °C
Schrotbrote 28 bis 30 °C

Temperaturen

Die häufig angegebene Temperatur zum Gehen des Teigs von 26, 30 oder 32 °C wird schon durch das Anstellen der Backofenlampe erreicht. Dafür den Teig auf die 2. Schiene von unten in den erleuchteten Backofen stellen.

Trockensauer

Ist getrockneter Sauerteig, der jahrelang haltbar ist, wenn er verschlossen und dunkel gelagert wird. Es ist ganz leicht, ihn selber herzustellen. Man zieht ihn ganz dünn auf ein Backpapier auf und lässt ihn 2 Tage lang bei Raumtemperatur trocknen. Danach kann man ihn gut ablösen und mit einer Mulinette fein mahlen. Man aktiviert ihn durch die Zugabe der gleichen Menge Wasser.

Weizenmehl

Mehl aus dem Weizenkorn, gibt es in Typen von 405, 550, 812, 1050 bis Vollkorn (entspräche etwa 1800–2000). Helles, fast weißes Mehl für Kuchen, Brötchen und helle Brote.

Wirken

Als Wirken bezeichnet man das »Rundmachen« (Rundwirken) oder »Langmachen« (Langwirken), also Formen der Teiglinge. Zwischen dem Rundwirken und Langwirken sollte eine Zwischengare von 5 bis 7 Minuten liegen, damit sich der Teig entspannen kann.

WM

▶ Weizenmehl

WVM

Weizenvollkornmehl

Zwischengaren

Das ist die Zeit, die zwischen zwei Arbeitsgängen liegt, z. B. Rundwirken, Zwischengare und Langwirken.

ÜBERSICHT

Rezeptverzeichnis nach Kapiteln 184
Alphabetisches Rezeptregister 185
Rezeptverzeichnis nach Gebäckart 186
Gute Einsteigerrezepte 186
Sachwortverzeichnis 187

REZEPTVERZEICHNIS NACH KAPITELN

Sauerteigbrote und -brötchen mit hohem Roggenanteil
Schusterjunge 28
Paderborner Landbrot 30
Bauernbrot 32
Hunsrücker Hüttenbrot 34
Bauernkruste 37
Joghurtbrot mit Walnüssen 38
Dombrot 40
Vollkornbrot 42
Roggenbrot mit schwarzem Pfeffer 44
Kräftiges Roggenschrotbrot 46
Schwarzbier-Roggenbrot 48
Gersterbrot 50
Vollkornbrot mit Sonnenblumenkernen 52
Westfälisches Schwarzbrot 54
Sauerländer Schwarzbrot 56
Kosakenbrot 58

Sauerteigbrote und -brötchen mit hohem Weizenanteil
Weizenbrot mit Haferflocken 60
Delbrücker Ecksteine 62
Einfaches helles Landbrot 64
Großmutters Hausbrot 66
Weizenmischbrot 68
Baguette mit Sauerteig 70
Baguette traditionell 72
Korinthenbrot 74
Franzbrötchen 76

Roggenbrötchen 78
Spitzkornlinge 80
Brot mit zwei Sauerteigen 82
Münsterländer 84
Kartoffelbrot 86
Flockenbrot 88
Alter Fritz 90
Haferbrot 92
Doppelback 94
Olive Levain 96
Dunkle Partystangen 98
Müslibrötchen 100

Sauerteigmischbrote und -brötchen
Kassler 102
Roggenmischbrot 104
Buttermilchbrot 106
Schrotbrot 108
Pfennigmuckerln 110
Mildes Paderborner Landbrot 112
Körner- und Saatenbrot 114
Kerniges Nussbrot 116
5-Korn-Kruste 118
Fränzchen 120

Sauerteigbrote und -brötchen mit Dinkel
Dinkelbrötchen 122
Kräftiges Weißbrot 124
Landbrot mit gesäuertem Vorteig 126

Dinkelbrot 128
Roggen-Dinkel-Mischbrot 130
Saatensonne 132

Hefeteigbrote und -brötchen
Osterkranz 136
Buttercroissants 138
Rosinenbrötchen 138
Butterhörnchen 142
Schnittbrötchen 144
Kastenweißbrot 146
Türkisches Fladenbrot 148
Bauernbrötchen mit altem Teig 150
Weizenvollkornbrötchen 152
Bagels 154
Buttertoast 156
Rustikales Bauernweißbrot 158
Kartoffelflockenbrot 160
Baguettebrötchen 162
Krusties mit altem Teig 164
Schweizer Dreiecksbrot 166
Walnuss-Malz-Brötchen 168

Hefeteigbrote und -brötchen mit Dinkel
Kaisersemmel 170
Sonntagsbrötchen 172
Schnelle Brötchen 174
Mohn- und Sesambrötchen 176
Dinkelbrötchen mit Hartweizenmehl 178

ALPHABETISCHES REZEPTREGISTER

5-Korn-Kruste 118

Alter Fritz 90

Bagels 154
Baguette mit Sauerteig 70
Baguette traditionell 72
Baguettebrötchen 162
Bauernbrot 32
Bauernbrötchen mit altem Teig 150
Bauernkruste 37
Brot mit zwei Sauerteigen 82
Buttercroissants 138
Butterhörnchen 142
Buttermilchbrot 106
Buttertoast 156

Delbrücker Ecksteine 62
Dinkelbrot 128
Dinkelbrötchen mit Hartweizenmehl 178
Dinkelbrötchen 122
Dombrot 40
Doppelback 94
Dunkle Partystangen 98

Einfaches helles Landbrot 64

Flockenbrot 88
Franzbrötchen 76
Fränzchen 120

Gersterbrot 50
Großmutters Hausbrot 66

Haferbrot 92
Hunsrücker Hüttenbrot 34

Joghurtbrot mit Walnüssen 38

Kaisersemmel 170
Kartoffelbrot 86
Kartoffelflockenbrot 160
Kassler 102
Kastenweißbrot 146
Kerniges Nussbrot 116
Körinthenbrot 74
Körner- und Saatenbrot 114
Kosakenbrot 58
Kräftiges Roggenschrotbrot 46
Kräftiges Weißbrot 124
Krusties mit altem Teig 164

Landbrot mit gesäuertem Vorteig 126

Mildes Paderborner Landbrot 112
Mohn- und Sesambrötchen 176
Münsterländer 84
Müslibrötchen 100

Olive Levain 96
Osterkranz 136

Paderborner Landbrot 30
Pfennigmuckerln 110

Roggenbrot mit schwarzem Pfeffer 44
Roggenbrötchen 78
Roggen-Dinkel-Mischbrot 130
Roggenmischbrot 104
Rosinenbrötchen 138
Rustikales Bauernweißbrot 158

Saatensonne 132
Sauerländer Schwarzbrot 56
Schnelle Brötchen 174
Schnittbrötchen 144
Schrotbrot 108
Schusterjunge 28
Schwarzbier-Roggenbrot 48
Schweizer Dreiecksbrot 166
Sonntagsbrötchen 172
Spitzkornlinge 80

Türkisches Fladenbrot 148

Vollkornbrot mit Sonnenblumenkernen 52
Vollkornbrot 42

Walnuss-Malz-Brötchen 168
Weizenbrot mit Haferflocken 60
Weizenmischbrot 68
Weizenvollkornbrötchen 152
Westfälisches Schwarzbrot 54

REZEPTVERZEICHNIS NACH GEBÄCKART

Brötchen, Baguettes, Bagels & Croissants

Bagels 154
Baguette mit Sauerteig 70
Baguette traditionell 72
Baguettebrötchen 162
Bauernbrötchen mit altem Teig 150
Buttercroissants 138
Butterhörnchen 142
Delbrücker Ecksteine 62
Dinkelbrötchen mit Hartweizenmehl 178
Dinkelbrötchen 122
Dunkle Partystangen 98
Franzbrötchen 76
Fränzchen 120
Kaisersemmel 170
Krusties mit altem Teig 164
Mohn- und Sesambrötchen 176
Müslibrötchen 100
Pfennigmuckerln 110
Roggenbrötchen 78
Rosinenbrötchen 138
Schnelle Brötchen 174
Schnittbrötchen 144
Schusterjunge 28
Sonntagsbrötchen 172
Spitzkornlinge 80
Walnuss-Malz-Brötchen 168
Weizenvollkornbrötchen 152

Brote, Fladenbrote, Osterkranz & Korinthenbrot

5-Korn-Kruste 118
Alter Fritz 90
Bauernbrot 32
Bauernkruste 37
Brot mit zwei Sauerteigen 82
Buttermilchbrot 106
Buttertoast 156
Dinkelbrot 128
Dombrot 40
Doppelback 94
Einfaches helles Landbrot 64
Flockenbrot 88
Gersterbrot 50
Großmutters Hausbrot 66
Haferbrot 92
Hunsrücker Hüttenbrot 34
Joghurtbrot mit Walnüssen 38
Kartoffelbrot 86
Kartoffelflockenbrot 160
Kassler 102
Kastenweißbrot 146
Kerniges Nussbrot 116
Korinthenbrot 74
Körner- und Saatenbrot 114
Kosakenbrot 58
Kräftiges Roggenschrotbrot 46
Kräftiges Weißbrot 124
Landbrot mit gesäuertem Vorteig 126
Mildes Paderborner Landbrot 112
Münsterländer 84
Olive Levain 96
Osterkranz 136
Paderborner Landbrot 30
Roggenbrot mit schwarzem Pfeffer 44

Roggen-Dinkel-Mischbrot 130
Roggenmischbrot 104
Rustikales Bauernweißbrot 158
Saatensonne 132
Sauerländer Schwarzbrot 56
Schrotbrot 108
Schwarzbier-Roggenbrot 48
Schweizer Dreiecksbrot 166
Türkisches Fladenbrot 148
Vollkornbrot mit Sonnenblumenkernen 52
Vollkornbrot 42
Weizenbrot mit Haferflocken 60
Weizenmischbrot 68
Westfälisches Schwarzbrot 54

GUTE EINSTEIGERREZEPTE

5-Korn-Kruste 118

Bauernbrot 32
Bauernkruste 37

Doppelback 94

Einfaches helles Landbrot 64

Flockenbrot 88

Großmutters Hausbrot 66

Kastenweißbrot 146
Kräftiges Weißbrot 124

Mohn- und Sesambrötchen 176
Mohn- und Sesambrötchen 176
Münsterländer 84

Paderborner Landbrot 30

Roggenmischbrot 104

Schnelle Brötchen 174
Schnittbrötchen 144
Türkisches Fladenbrot 148

Walnuss-Malz-Brötchen 168
Walnuss-Malz-Brötchen 168

SACHWORTVERZEICHNIS

Abdeckfolie mit
   Untergewebe 14
Abkühlen 12
alter Teig 8
Anstellgut 10
Aufbacken 20

Bäckerleinen 14
Backmalz 13
Blumenspritze 14
Brotstempel 14
Butterzugabe 12

Dinkelanstellgut 10
Dinkelmehl 24

Einfrieren 20

Fettzugabe 12
Feuchtigkeitsaufnahme bei Mehl 12

Garprobe 12

Hefemenge 12
Hefeteig 13

lange kalte Führung 16
Löffelwaage 14

Mehlsorte 24
Milchbubi 76

Rasierklinge 145
Roggenanstellgut 10
Roggenmehl 24

Sauerteig 10
Schwaden 13
Schrot 24
Semmeldrücker 14
Stretch & fold 22
systematischer Backablauf 16

Teigabstecher 14
Teigkarte 14

Wärme 13
Weizenanstellgut 10
Weizenmehl 24

Zeitplanung 20

IMPRESSUM

ISBN 978-3-8094-3967-7

4. Auflage 2020

© 2018 by Bassermann Verlag, einem Unternehmen der Verlagsgruppe Random House GmbH, Neumarkter Straße 28, 81673 München
Dieses Buch ist ein Doppelband aus den Büchern „Rustikale Brote aus deutschen Landen"
und „Brötchen, Baguette & Weizenbrote nach traditionellen Rezepturen" von Gerhard Kellner.

Die Verwertung der Texte und Bilder, auch auszugsweise, ist ohne Zustimmung des Verlags urheberrechtswidrig und strafbar. Dies gilt auch für Vervielfältigungen, Übersetzungen, Mikroverfilmung und für die Verarbeitung mit elektronischen Systemen.

Umschlaggestaltung: Atelier Versen, Bad Aibling
Layout und Satz: kreativsatz, Nadine Thiel, Baldham
Cover: Stockfood/Fit for Fun Verlag/Janne Peters
Foodfotografie und Styling Gerhard Kellner, Delbrück: S. 19 oben, 30, 33, 36, 38, 43, 46, 50, 53, 54, 57, 58, 65, 85, 86, 89, 90, 93, 94, 105, 107, 112, 115, 118, 124, 126, 129, 130, 132, 158
Foodfotografie und Styling Karl Newedel, München: S. 10, 35, 41, 44, 49, 61, 67, 68, 80, 83, 89, 101, 102, 108, 117, 165, 181
Foodfotografie und Styling Brigitte Wegner, Bielefeld: S. 4, 9, 14/15, 21, 25, 29, 63, 71, 75, 76, 79, 81, 97, 100, 121, 123, 137, 141, 143, 147, 149, 150, 153, 155, 157, 161, 163, 167, 168, 171, 173, 174, 177, 179
Grafiken: X-Design, Manuela Hutschenreiter, München: S. 23, 166, 170
Grafik Ähren: shutterstock/KateChe

Sonstige Fotos: S. 2/3 und S. 190/191: fotolia/lantapi; S. 12: Luba GmbH, Bad Homburg, Ankarsrum Küchenmaschine; S. 19 unten: istockphoto/SensorSpot; S. 72: istockphoto/YuanTiam; S. 73: istockphoto/Tjanze; S. 77: shutterstock/Sedthachai stock; S. 99: fotolia/A. Khomuler; S. 111: shutterstock/NoirChocolat; S. 139: shutterstock/Coprid

Bildredaktion: Sabine Kestler
Herstellung: Elke Cramer
Projektleitung: Anja Halveland

Die Ratschläge in diesem Buch sind vom Autor und vom Verlag sorgfältig erwogen und geprüft, dennoch kann eine Garantie nicht übernommen werden. Eine Haftung des Autors bzw. des Verlags und seiner Beauftragten für Personen-, Sach- und Vermögensschäden ist ausgeschlossen.

Sollte diese Publikation Links auf Webseiten Dritter enthalten, so übernehmen wir für deren Inhalte keine Haftung, da wir uns diese nicht zu eigen machen, sondern lediglich auf deren Stand zum Zeitpunkt der Erstveröffentlichung verweisen.

Druck: Mohn Media Mohndruck GmbH GmbH; Gütersloh

Printed in Germany

Verlagsgruppe Random House FSC® N001967

Rund, cremig und lecker!

80 Seiten, durchgehend farbig bebildert
ISBN 978-3-8094-3944-8

Zunächst wird der Fischkäse mit feinen Zutaten aufgepeppt und dann bekommt er eine köstliche Hülle drum herum. Das macht die Bällchen nicht nur zum absoluten Hingucker, sondern bietet neue Geschmackserlebnisse. Schnell gemacht und superlecker – ein wahrer Gaumen- und Augenschmaus.

Besuchen Sie uns auch auf

www.bassermann-verlag.de